中华优秀传统文化大众化系列读物

山东省委宣传部　组编

不知礼 无以立
——礼仪文明伴我行

于　媛　著

传统文化与社区（乡村）文明读本
主编　颜炳罡

中华书局　齐鲁书社

图书在版编目(CIP)数据

不知礼　无以立:礼仪文明伴我行/于媛著. —北京:中华书局,2017.10

(中华优秀传统文化大众化系列读物)

ISBN 978-7-101-12738-6

I.不…　II.于…　III.礼仪-中国-通俗读物　IV.K892.26-49

中国版本图书馆 CIP 数据核字(2017)第 200879 号

书　　　名	不知礼　无以立——礼仪文明伴我行
著　　　者	于　媛
丛 书 名	中华优秀传统文化大众化系列读物
责任编辑	李洪超
出版发行	中华书局
	(北京市丰台区太平桥西里38号　100073)
	http://www.zhbc.com.cn
	E-mail:zhbc@zhbc.com.cn
印　　　刷	北京市白帆印务有限公司
版　　　次	2017 年 10 月北京第 1 版
	2017 年 10 月北京第 1 次印刷
规　　　格	开本/710×1000 毫米　1/16
	印张 14¾　插页 2　字数 175 千字
印　　　数	1-4000 册
国际书号	ISBN 978-7-101-12738-6
定　　　价	33.00 元

总　序

　　中华文化是中华民族的根与魂,是中华民族独特的精神标识与精神血脉,是中国人民的精神家园。作为世界四大文明古国中唯一延续至今且依然具有旺盛生命力的中华文明,既需要薪火相传,代代相守,又需要推陈出新,与时俱进,已经成为21世纪中华民族的共识。问题是,怎样才能让中华文化继续传下去,又由谁守下去? 如何才能保障中华文化推出的"新"是中华文化的"新",而不是流质变异的"新",这是我们应当深思熟虑的。

　　北宋时期有位名叫张载的哲学家,他有四句非常流行的话:"为天地立心,为生民立命,为往圣继绝学,为万世开太平。"由于张载生于横渠镇,世称张横渠,这四句话又被后世学者称为"横渠四句教"。千百年来,不少学者将"横渠四句教"作为自己的历史使命以及为学的宗旨。往圣之学当然就是圣学,圣学即是圣道,而圣道就是"祖述尧舜,宪章文武,宗师仲尼"之道,是尧、舜、禹、汤、文、武、周公、孔子相传之道。此道之相传,唐代哲学家韩愈称之为"道统"。韩愈认为,道统由孔子传到孟子,孟子死了,这个道统就中绝了,需要他来拾起道统,再往下传,他就是"为往圣继绝学"。张载与韩愈一样,认为圣学不得其传,他要主动地承担起"为往圣继绝学"的重任。无论是韩愈,还是张载,其心灵都是哲学家的心灵,其心态都是文化精英的心态,这种心态显然是将自己高高架于普通大众之上,可以"秒杀"千古风流而悲壮地承担继绝学的文化使命。历代文化精英这种"舍我其谁"的担当意识固然可敬,但我们要问:为什么以担当圣道为自己历史使命的历代知识精英们,没有走出继了绝、绝了继的历史循环? 如何才能走出这一历史循环? 我们认为,解决的方案只有一个,那就是将文化传承的责任由少数知识精英孤独而悲壮的担当转化为全民族每一分子的共同义务。

中华文化薪火相传,代代相守,问题是孰为薪火? 我们认为人人尽可为"薪火"。谁去守? 守护中华文化,中华儿女人人有责。在礼崩乐坏的春秋时代,孔子的学生子贡曾非常自信地说:"文武之道,未坠于地,在人。贤者识其大者,不贤者识其小者,莫不有文武之道焉。"(《论语·子张》)韩愈所谓的"轲之死,(道)不得其传焉",张载所谓的"绝学",张方平所谓的"儒门淡薄,收拾不住"等,都是精英文人忧道之不倡而发出的愤激之语,并非历史事实。套用子贡的话说,两千多年来,文武之道,孔孟之传,未坠于地,贤者识其大者,不贤者识其小者,莫不有中华之道焉,莫不有孔孟之学焉,何绝学之有?

《中庸》引孔子的话说:"道不远人。人之为道而远人,不可以为道。"道自盈天壤,无所不在,无时不在,在你身上、我身上、他身上,人皆有道,道就在我们日常生活里。子夏有言:"贤贤易色,事父母能竭其力,事君能致其身,与朋友交言而有信。虽曰未学,吾必谓之学矣。"(《论语·学而》)贤贤易色是夫妇之道,也是夫妇之学;竭其力是事奉父母之道,也是事奉父母之学;致其身是事君之道,也是事君之学;言而有信,是交友之道,也是交友之学。人间的一切道德实践活动无不是在行道、履道、为道,道何尝远人? 此道何尝失传,何尝绝? 近代以来尤其是"五四"以来,激进的知识分子有感于中国贫穷落后、任人宰割的悲惨现实,认为这一后果是由我们的传统文化造成的,于是起而激烈地批判、否定传统文化。什么讲礼教都是吃人的,吃人的都是讲礼教的,"仁义道德"吃人等,以愤激之语,发震天之声,他们可以使道隐而不彰,但无法绝道、毁道。

文化不应是少数知识精英孤芳自赏的存在物,而是普罗大众的生存方式、生活方式。以文化人,以文育人,以文成人,这是文化本身的意义。以文化人,是自化,还是他化? 以文育人,是自育,还是他育? 换言之,谁化谁育? 化谁育谁? 我们的回答是:凡是人,皆须化;凡是人,皆须育;凡是人,皆须成。孔子讲"为仁由己",更多地强调人的自化、自育、自成,孟子要求"先知觉后知,先觉觉后觉",由先知先觉者去化、去育、去成后知后觉者,更多地强调他化、他育、他成。既强调自我迁善改过、自我转化、自我培育、自我养成,又强调他化、他育、他成,是中华文化在理想人格成长问题上的特点。作为知识分子尤其是人文知识分子,既有自化、自育、自成的天职,也有化他、育他、成他的历史使命和责任担当。

本套丛书的作者都是中华文化的爱好者、研究者,大都长期站在高校教学的第一线,又长期躬身于当代文化的实践活动,或乡村,或社区,或走进企业,或出入于机关,从事着中华文化的传播工作。在长期的工作实践中,我们深深体会到中国的普通民众需要什么,在读书中期待什么。作为学者,我们撰写这套大众读物,力求铺就一条由学术神圣殿堂通往百姓日常生活的道路。

1. 贯通古今,实现由传统文化向现代文化的转化

中华文化源远流长,历经几千年之发展,有古今之异,文白之分。传

统文化的经典大都是用文言文写成的,而今天我们所使用的语言是白话文,对于广大读者而言,读传统文化的读物,马上面对的就是"文字障",不识其文,何以了解其意? 不解其意,何以身体力行? 贯通古今首先要在文字上贯通文言文与白话文,帮助读者克服文字障碍,使文言文不再是了解古人思想的障碍,而是理解古人思想的凭借。本套丛书在写作上,要求作者对所有引用古人思想、名句、观点等文字进行精要说明,进而引伸发挥,实现触类旁通。

传统向现代的转化不仅仅是文字的,更是思想的。任何传统思想既是具时态的存在,也有超时空的意义,研究传统文化并不是要求当代人穿越时空回到古代去,而是让古人及其思想穿越时空来到今天,一句话:做到古为今用。冯友兰先生的"抽象继承法"不失为由传统向现代转换、贯通古今的有效手段与方式。的确,今天我们不必再去追问"学而时习之"在孔子时代具体学的、习的是什么,射箭、驾牛车或马车,这些当代社会不必人人皆学,但"学而时习之"告诉人们,无论学什么都需要习,不管是音乐、绘画、书法、数学、语文,还是物理、化学、生物、地理等,都要"学而时习之",其抽象意义至今没有过时。编委会要求作者们对古圣往贤的思想、命题、观念进行因时转换,创造性发挥,指出当代社会可行、可操作之点。

2. 铺平沟壑,实现由学术话语向百姓语言的转化

当代中国,高校林立,研究机构多不胜举,加上当代学者大都十分努力勤奋,每年出版的学术著作数以万计,而期刊杂志刊发的学术文章远远多于出版的著作。不过,这些学术著作与学术论文最上乘的也不过在

"为往圣继绝学"而已，与百姓无关，学术已远离百姓生活，学术归学术，百姓归百姓。不少学者久已习惯于钻入象牙塔，孤芳自赏，感叹着曲高和寡，而百姓所饥渴的精神世界只好找些"心灵鸡汤"去讨生活，当学术话语不再理会百姓生活的时候，百姓自然也不再关心学术。

中华文化一向以"极高明而道中庸"为特质，高明的思想高到极致就是平常道理，反过来，极为平常的道理又何尝不是最高明的道理，神圣与凡俗之间是相通的，不是二分的。翻开《论语》，打开《孟子》，没有故弄玄虚，也不会故作高深，更不会拒人千里。我们要求作者化神圣为凡俗，摒弃学术八股，将学术性话语转化为百姓日用话语，以学者的严谨作通俗之文，但通俗而不庸俗。

3. 融合事理，实现玄远之思想向百姓日常生活的转化

西人有言：理论是灰色的，而生活之树常青。如何实现灰色的理论与常青的生活之树之间的无缝对接，似乎是中西理论共同遇到的难题。我们认为，这一问题的解决不是就理论而言理论，而是在生活中不断发现理论、解释理论、验证理论与升华理论，让灰色的理论不再灰色。无庸讳言，中华传统文化尤其是传统哲学的确有深刻、玄远、抽象的一面，如《中庸》《周易》《老子》《庄子》等，这些经典到处充满着艰深晦涩的思想，在经典解释中也有繁琐、人人言异、让人无所适从的一面，如"格物致知"这一命题到明末的解释就有72家之说，这些问题是我们每一位传统文化研习者都遇到的挑战。

在我们的作者队伍中，大都是乡村儒学、社区儒学的讲师，多次面对普通百姓讲学，如何将灰色的理论讲得百姓愿听、爱听，每一位传统文化

研习者都有自己的心得。我们认为以事言理、以理统事、事理相融是化灰色为常青的有效途径。任何高深的理论总有历史上与现实中的典型事例与之相对应,而任何典型案例都具有类型、具有典范意义,理是事之理,事即是理,理是玄远之理论,事即活生生的现实生活。王阳明判父子争讼既是事,又是理,韩贞向野老说"良心",将"不可道"之"常道",以生活之事说出来,让野老恍然大悟。我们力求用百姓的语言讲出玄远之理,实现玄远之理与百姓日常生活的有机相融,无缝对接。

中华文化不离人伦日用,道就在人伦日用之中。人伦日用即生活,生活即人伦日用。离开人伦日用就没有生活,离开生活就不是人伦日用。面对全球化大潮,中华文化要薪火相传,代代相守,不过前提是可传、能传,可守、能守。何为可传、可守? 我们认为关键是其能否落实为"人伦日用",在当代人的生活中是否还有其用,这里的"用"就是价值,有用就是有价值,无用就是没有价值。修身是用,齐家是用,治国是用,平天下还是用,修、齐、治、平无不是生活,无不是用。而用首先是落实为百姓之用、大众之用。本着这一原则,本套丛书分别从中华文化与民族精神、儒家文化、道家与道教,以及修身为本、教子有方、齐家有道、生活礼仪、邻里和睦、乡规民约等方面切入,既让大家了解中华传统文化的基础知识,感悟中华文化的博大精深、源远流长,又能从古圣先贤那里学到做人的道理、生活的智慧等。

本套丛书的整体设计、写作思路是凝结编委会成员及众多学者的智慧而成的,而每一分册,甚至每一章、每一个标题都经过了大家反复讨论,多次论证,都渗透着众多学者的心血。我们长期从事学术研究,已经习惯于写作学术著作与学术论文,深知为文之艰难,而将学术成果转化为大众可亲近、可接受、读得懂且愿意读的作品更非易事。我们相信,中华文化的传承与发展不仅仅是少数知识精英的名山事业,更是中华民族每一分子的责任承担。文化只有走进寻常百姓之家,只有化为大众的生活方式与精神追求,才能滋养文化永续生长的丰厚而肥沃的土壤,中华文化的薪火相传、代代相守、推陈出新、与时俱进,才能有客观保证。

由于我们学识所限,本套丛书肯定存在着这样或那样的不足,甚至是错误,竭诚欢迎方家予以指正,以利我们下一步的修正与提高。

颜炳罡

2017年2月18日

目　录

第五章　今日之礼，何去何从

前　言

　　众所周知,中华民族素来以"彬彬有礼"的风貌著称于世。礼仪文明,自古以来就是人们修养的体现方式,人们的日常生活时时处处离不开"礼"的滋养、规范。离开礼,人们就无法立身处世。古人认为有礼和无礼是人与动物区别的重要标志,人而无礼,禽兽不如,甚至不配活着,所以《诗经》有"人而无礼,胡不遄死"的说法。

　　反观当下,许多国人的言行举止、待人接物似乎与礼"渐行渐远"。近年来,关于中国游客国际形象的负面新闻屡见不鲜,如在国际机场乱扔垃圾,在国际航班上无理取闹、向空姐身上泼开水,最终导致飞机中途返航,还有一些国家的旅游景点专门设置中文"友情提醒",令人汗颜。在我们的日常生活中,也多多少少能见到这样一些情景:随地吐痰、乱闯红灯、上网乱骂、无视公共规则,公共场所大声喧哗、亲友间见面或写信不称呼、乱称呼,有些年轻人已经不知长幼尊卑的称谓甚至称父亲为"老哥"了。

　　人们不禁要问:怎么回事? 我们明明是"礼仪之邦"啊,谦虚礼貌、尊老孝亲、仁爱忠恕、诚信宽厚、勤劳俭朴……这些才是中国人啊。

　　是的,我们本是重礼、守礼的民族,中国人本是东亚地区礼仪文明的创造者与引领者。中华礼乐文化,数千年来渗透着我们生活的方方面面,但自从人们把礼仪规范和"吃人的封建礼教"等同起来,许多人就好像拥有了可以无视礼、不讲规矩的护身符,任意看轻礼仪、鄙视礼仪,一谈到礼仪、礼教,就是封建、落后、保守,就应打翻在地、踩在脚下,让其永世不得翻身。

百余年来,我们对"礼"作如此简单的、片面的否定,抛之而后快,避之而不及,好比马克思所说的,给孩子洗澡将脏水和孩子一起泼出去了。但是实际上,真正"吃人"的,不是"礼",而是历史上那些滥用礼、曲解礼,打着礼教的名号做尽非礼之事的人。

长久以来,我们并未真正地认识、了解中华之"礼",却有很多人对"礼"轻视、不以为然;同时,又挑剔地、敏感地对待别人的非礼行为,对"礼"采取双重标准。如果有谁为人处事处处都讲究礼节,别人可能会讥笑他迂腐、刻板,而自己不守礼,却自以为聪明,洋洋自得;可如果有谁的言行对你不尊重、让你不舒服,再粗枝大叶的你也一定会感到不高兴。

正是这些个别的、偶尔的漠视礼仪的行为,渐渐被某些国外媒体放大,成为世人心目中普遍的、共同的、全民族的行为,导致中国人总是被自动识别为"粗俗无礼"。即使大多数中国人彬彬有礼,也会被认为是"不像中国人"。对此,凡是有一点民族自尊的人都会有种"细思极恐"的感觉吧。

所以,为了民族的尊严,我们需要讲礼仪;为了重塑中国人的国际形象,我们需要讲礼仪;为了生命的成长和精神境界的提升,我们需要讲礼仪;为了家庭和睦、人人和谐相处,我们更需要讲礼仪。礼可以化人,可以育人,可以成人,可以修己,可以立身,可以处世,可以让我们每一个人去凡俗而入高雅,脱粗鄙而入文明。

守礼就需要知礼,本书所志,就是让我们一起走近真实的中华之

"礼",试着探寻、还原真正之"礼",告诉人们"礼"是什么,这是另一种意义的"返璞"吧,用当代新儒家代表人物唐君毅的话说,这叫做"返本"。

礼是教人心生庄敬的美德,礼是使人行事得体的分寸;礼不违背人情,礼不因循守旧。走近它,你会发现,古老而朴素的中华礼仪文明,自有一种"润物细无声"的力量,久久地滋养、浸润着每一个中华儿女。

《礼记·礼运》说:"坏国、丧家、亡人,必先去其礼。"自古以来,礼崩乐坏往往是文化沦丧甚至民族灭亡的前奏。礼仪文化的重要性过去是这样,今天依然是这样,未来还会是这样。礼仪不是可有可无的存在物,因而礼仪文明的复兴刻不容缓。如果说,人人皆可成为中华文化代代相传之"薪火",那么,作为中华文明核心内容的礼仪文明,它的传承,更是每个中华儿女义之所在。今天的我们必须重拾礼仪,自觉做传承礼仪文明的"薪火"。

"礼仪三百,威仪三千",如果说浩瀚的传统礼仪是"弱水三千",那我们且"取一瓢饮"。本书力图从浩如烟海的传统礼仪当中,找出那些至今仍熠熠夺目的闪光点、那些与我们衣食住行仍息息相关的礼仪规范,使传统的礼更好地为今人所用,通过对传统礼仪的创造性转化与创新性发展,使其以更贴近当代人生活的方式呈现出来。这就是我们所要的"归真",即唐君毅先生所说的"开新"。

"合抱之木,生于毫末;九层之台,起于累土",振兴"礼仪之邦",需要每个国人的共同努力,人人都应自觉作中华礼仪文明的实践者、传承者。凡我在处,即是中华,我们代表的是有着五千年历史文明的中国形象,无论走得多远,也别忘了在心中告诉自己:我是一个彬彬有礼的中国人。

第一章　泱泱中华，礼仪之邦

"泱泱中华，礼仪之邦"，这是世人对传统中国的赞誉。中华文明是世界上四大古老文明中唯一没有中断、至今仍焕发着勃勃生机的文明。中华民族在长期的历史演进中创造了光辉灿烂的物质文化、精神文化和制度文明，形成了中华民族独具特色的文明体系，"礼仪之邦"成为这一文明体系的重要标志。中国人素来以"彬彬有礼"的风貌著称于世，礼仪文化作为中国传统文化的一个重要组成部分，对中国社会以及历史发展有着广泛而深远的影响。礼仪文化内容丰富、结构繁杂，包含礼仪、礼节、礼数、礼器、礼法等等，有"经礼三百，曲礼三千"之说，它渗透、贯穿于政治、经济、文化、教育、体育以及日常生活的各个方面，毫不夸张地说，传统中国人从生到死，甚至死后，都被置于这个礼的文化系统之中，上到国君，下到庶民，无一人能超出其外。对每一个中国人而言，"不学礼，无以立"；对欲了解中华文明的人来说，不了解礼，就不了解中华文明，绝非虚言。

一、礼与中华文明

礼是中国传统文化的核心，也是中华文明的主要标志，在中华文明史上,礼的地位十分显著。"人无礼则不生,事无礼则不成,国家无礼则不宁。"(《荀子·修身》)一个没有礼仪规范的社会,往往是一个文明程度不高甚至是不文明的社会。礼,是中华民族数千年文明的基础,是中华文明得以绵延不绝的重要保障。

1. "衣冠上国,礼仪之邦"的由来

古人有言:"中国有礼仪之大,故称夏;有服章之美,故称华。"(《左传·定公十年》)古代华夏民族以丰富的礼仪文化受到周边其他民族乃至世界人民的赞誉。在古代,外国友人来到中国,看到中国人普遍接受着礼仪的教化与熏陶,在言行举止上以符合礼仪的规范为美德,为人谦恭温和,相互间以礼相待,他们心里发出由衷的赞叹,称中国为"礼仪上国"。自三国时代起,就陆续有韩国、日本乃至东南亚一些国家,派出使节前来中国,学习中国的礼仪文化。明朝中后期,西方传教士来到中国,他们在中国传教的同时,也学习中国文化,将中国文化的经典翻译、介绍到欧洲去,17、18世纪,欧洲的不少思想家如法国的伏尔泰、魁奈、英国的坦布尔等都曾赞美过中国文化。

礼仪文明是中国的重要特征。在古人看来,中华之所以为中华,中国之所以为中国,就在于我们有圣贤之教,仁义之施,衣冠威仪,习俗孝悌,居身礼义。"中国者,聪明睿知之所居也,万物财用之所聚也,贤圣之所教也,仁义之所施也,诗书礼乐之所用也,异敏技艺之所试也,远方之所观赴也,蛮夷之所义行也。"(《战国策》卷十九《赵策二》)中国是聪明睿智之人居住之地,是万物财用产生之地,是贤圣教化过的地方,是普遍施仁行义的地方,是诗书礼乐运用的地方。"中华者,中国也。亲被王教,自属中国,衣冠威仪,习俗孝悌,居身礼义,故谓之中国。"(《唐律疏议》)中华即中国,中国即中华,中国之所以为中国,中华之所以为中华,因为居身礼义,如果失去了礼义,在古人看来中国将不中国,中华亦非中华。

2.礼仪文明与中华文明

礼乐文明是中国传统文化的基本特征,是中国传统文化的外在表现形式和内在本质。自古以来,中国的家庭、家族、社会、国家乃至天下,都是按照"礼"的原则建立和运行的,从国家的典章制度到人们的服饰、居住的房舍,再到人们的思想行为、行走坐卧、言谈举止等等,无不贯穿着礼。中华民族之所以被称为"礼仪之邦",正是因为我们有知礼、习礼、守礼、重礼的优良传统,"仁、义、礼、智、信"历来是中华民族传统美德的核心价值理念和基本要求。也正因如此,中华文明成为世界上唯一没有中断的文明。

中华文明自古以来就被称作礼乐文明,礼是中华文明所独有的、数千年文明史一以贯之的要素,也是中华文明区别于其他古代文明的最主要的特征。对中华文明来说,其最有特色和实质性意义的内涵,不是器物,不是宗教,而是礼仪文化。儒家把"礼"作为区别人与禽兽、文明与野蛮的标准,在古代中国,历代政治家、思想家都对礼推崇备至。清儒阮元曾经指出:"古今所以治天下者,礼也。"(《揅经室续集》卷三)一言以蔽之,概括了礼在古代中国所具有的政治功能和社会整合功能。关于礼对中国人的影响,外国人也深有感触。1872年来华的美国传教士明恩溥在《中国人的气质》中这样写道:"中国人成功地使礼节像他们的教育一样,成为一种与生俱来的本能。这个民族的先哲们使种种繁文缛节成了人们日常交往中不可缺少的组成部分。而在西方国家,只有在宫廷和外交活动中还使用这样烦琐的礼节。……中国人凭着精准的本能总能意识到何时是恰当的时机。在这种情况下，一个中国人竟不知道怎样才是举止得体，就会像一个受过教育的西方人不知道九九得几一样，是荒谬可笑的。"①这段话说得形象而直观，可以说，礼，早已成为一种文化基因，每个中国人身上都有着深深的中华礼仪文化的烙印。

中华文明之所以是中华文明，就是因为我们有独特的、与西方礼仪迥然不同的中华礼仪文化，礼仪文明是中华文明的重要支撑，中华文明正是因为有"礼"而彰显出其独特的魅力，没有礼，中华文明就失去了中华特色，就不再是中华文明。我们中国人素来以拥有礼乐教化而自豪，并把它视为区别中华文明与其他文明的基本标志。因此我们说，礼仪文明是中华文明重要特征，礼仪文明存则中华文明的这一标志存，礼仪文明亡则中华文明的这一标志亡。

二、礼，缘何而起

关于礼的起源问题，历来观点众多，欲起说、神起说、俗起说、物物交换说等等，这里不再一一讨论。不管礼是怎么产生的，可以肯定的是，礼是人的礼，没有人类社会或没有人类的共同生活，就没有礼。自从人类过上集体生活的那天起，要生活就要讲规则，不同的场合需要不同的规则，这个规则实际上就是人们日用而不觉的"礼"。礼，伴随着人类的生活应运而生，并渐渐发展成熟。

---

① 明恩溥《中国人的气质》，东方出版社，2014年，第26页。

1.礼的萌生

《说文解字》说:"礼,履也,所以事神致福也。"礼就是人躬行实践的行为,目的是事奉天地鬼神,求其降福于人。远古时代,人类面对自然界的各种神奇力量,充满了敬畏。先民认为有一种超越自然的力量主宰着宇宙万物,左右着人类的生死祸福,这种力量就是神灵。神灵不是一,而是多,甚至认为一切物都有灵,这就是万物有灵说。只有敬重和供奉大自然的一切神祇,才能得到他们的保佑。于是人们怀着无比的虔诚恭敬,以各种各样的仪式敬神、供神、求神和祭神。

原始时期,人们还无碗吃饭、无杯喝水,就把黍米放在石板上烤熟了吃"爆米花",把小猪架在火上烤熟了吃"烧烤",在地上挖坑盛水用手掬饮,弄泥块做个土鼓,就这样,"犹若可以致其敬于鬼神",这种条件之下依然能够向鬼神表达自己最崇高的敬意,这就是最初的礼仪。即使原始如此,人们还是遵守着特定的礼俗,比如人死后要向天上唤魂,在地下埋葬,死的人头朝北,活的人朝南居,等等。从茹毛饮血,住山洞草穴,到后来人类有了火,开始吃熟食,生活条件越来越好,仍不忘初心。"治其麻丝,以为布帛,以养生送死,以事鬼神上帝,皆从其朔。"(《礼记·礼运》)制丝做衣,供养活人,供奉死者,这都是遵从圣人最初的创造,以示不忘祖先。再后来,这些礼俗代代相传,人们制酒作乐,修订义辞,规范关系,用更正式的仪式祭祀祖先、自然,叫"承天之祜",再经过"合莫""大祥"这样的过程,"此礼之大成也",祭祀天地之礼就大功告成了。

在当时人们的心目中,天地鬼神是神圣威严的,所以每当举行祭祀活动时,人们总是怀着诚惶诚恐的心情,把这项活动搞得既庄严又隆重。祭祀活动年年举行,代代相传,逐渐形成了固定的仪式,这就是礼仪产生的初始阶段。

可见,心怀敬意,感谢天地神灵赐福于人,这就是最原始的礼,礼就这样萌生了。

2. 周公"制礼作乐"

如果说礼萌生于原始社会,那么礼真正形成于什么时代呢?学术界也有不同的说法。在孔子那里,已有夏礼、殷礼、周礼三代之礼的因革损益、一脉相延之说,可以说在孔子看来,至迟夏代就有礼了。现代学者认为,礼在尧舜时代就产生了。专门研究中国礼制史的学者陈戍国先生认为,在尧舜时代之际,就有了祭祀、丧葬、宾礼、军礼、嘉礼的萌芽。他的《中国礼制史》在孔子所说的夏礼之前,将"虞礼"即舜时代的礼作专节进行介绍。他说:"在目前掌握的资料里,只有到了虞舜一代,礼才粗具系统。《周官》所谓吉凶宾军嘉五礼,有虞氏都加入了可供后学钩稽的新的内容。因此,提出与夏、商、周三代礼并列的'虞礼'这一概念是适当的。"①我们认为这一说法是有道理的。

山西陶寺遗址,不少学者认为,相当于文献记载的尧舜时代。陶寺遗址发现了龙盘等礼器,在社会制度上,已出现国家初级形态。《史记·五帝本纪》记载,尧命舜摄政,"修五礼";舜命伯夷为秩宗,"典三礼";舜还任命夔(kuí)为典乐,"教稚子","诗言意,歌长言,声依永,律和声,八音能谐,毋相夺伦,神人以和"。《史记·乐记》记载,"昔者舜作五弦之琴,以歌南风;夔始作乐,以赏诸侯"。《孟子·滕文公上》记载:"人之有道也;饱食、暖衣、逸居而无教,则近于禽兽。圣人有忧之,使契为司徒,教以人伦——父子有亲,君臣有义,夫妇有别,长幼有叙,朋友有

---

① 陈戍国《中国礼制史》(先秦卷),湖南教育出版社,1991年,第97页。

信。"在孟子看来,最起码在大舜时代,五伦就出现了,礼乐起源于虞舜时代,我们认为有所根据。

尽管经过夏、商二代,礼已经相当完备,但这两代的礼乐制度对后世的影响并不大。影响中国人数千年生活,成为中国人三千年生活准则的是西周的礼乐典范。说到西周的礼乐,就不能不提到周公。

周公名字叫姬旦,是周文王的儿子,周武王的弟弟,周成王的叔叔,同时也是鲁国开国之君伯禽的父亲。《史记》中说周公旦"巧能,多才多艺,能事鬼神"。今天,许多人都知道"周公解梦",周公究竟会不会解梦,咱们且不在此研究,历史上周公的真正贡献是"制礼作乐",开启了中华礼乐文化的大门。

周公从商纣王失德亡国的教训中意识到,决定国家兴亡的不是鬼神而是人,要想长治久安,就一定要以人民为本,关心人民,爱护人民,施行德政。所以周公发起改革,提出了"毋于水鉴,当于民鉴"的主张,要求天子要根据人民的心意来反思自己为政的得失。周公把礼的重心从鬼神转移到人的身上。根据"天道"的要求,将上古至殷商的礼乐进行大规模的整理、改造,创建了一整套具体可操作的礼乐制度,并在全国推行礼乐之治。

在周礼中,有着相当严格的宗法等级制度。周王是"天子",以周代商是天命所致。天子之下有诸侯,诸侯之间又有不同的爵位和等级,通过严谨的礼仪制度来维系。周礼强调"敬德保民","敬德",是因为"皇天无亲,惟德是辅",有德才会得到上天的保佑。"保民",是因为"民之所欲,天必从之","保民"实际上就是保社稷、保国家。周公提出的"敬德保民"思想,完成了从夏商以来的敬鬼神到重人事的一大转变。

同时,周公将社会生活的方方面面都纳入"礼"的范畴,对祭祀、交际、饮食、服饰、婚嫁丧葬、日常起居等都制定了细致明确的礼仪礼制,并配套制定了各种音乐的使用标准。不同场合、不同身份的人,礼仪有别,音乐有等。"礼"用来使君臣、父子、夫妻等人伦关系进行区分和定位,使亲疏有分、长幼有序,但是只强调"礼"容易造成等级间的距离和人际关系的冷漠,所以周公"制礼"的同时还"作乐",把"乐"与"礼"配合使用,用"乐"来调和关系、融合感情,消解由"礼"所带来的等级差别感,以达到和谐的理想境界,"礼"与"乐"相辅相成,构成了一个完整有序的社会政治制度,同时形成了孔子所景仰的"郁郁乎文哉"的礼乐文化。

周公本人也成为一代道德楷模,长存于人们的心中。成语"吐哺握发",讲的就是周公礼贤下士的故事。《史记·鲁公世家》记载,周公训诫儿子伯禽说:"我文王之子,武王之弟,成王之叔父,我于天下亦不贱矣。然我一沐三捉发,一饭三吐哺,起以待士,犹恐失天下之贤人。子之鲁,慎无以国骄人。"你看看,我这级别也不算低了,有人来访,我必不等洗完头发、不等吃完饭就快快出来迎接,这样还担心失去贤能之人,何况是儿子你呢。所以你去鲁国,千万不可傲慢待人啊。

周公"制礼作乐"可谓是一件划时代的大事,不仅使周王朝得以延续约八百年,更为重要的是就此拉开了中华礼乐文明的帷幕。此后,通过孔子及其后学对周公制礼乐的称颂,礼乐教化得以通行天下,使人修身养性,体悟天道,谦和有礼,威仪有序,对后世历朝历代都产生了巨大而深远的影响,"尧舜之道,周孔之教"成为中华文明的代名词。

3. 孔子"克己复礼"

到了春秋末年,诸侯纷争,战乱不断,刚刚成长起来的"礼"经历了一场大挫折:礼崩乐坏。没人当周天子是天子,诸侯们忙着扩充势力、争当霸主。礼是什么？众诸侯表示没听过没见过，周公制定的礼乐制度几近崩溃。

就在这时，孔子来了。在对周礼的传承和弘扬过程中，孔子起到了非常重要的作用，他曾说："郁郁乎文哉，吾从周。"他一生致力于倡导礼仁合一，推崇周公之道，主张"克己复礼"，时刻不忘救"礼"于水火之中，恢复西周时期的礼乐制度。有哪句话最能代表孔子对礼崩乐坏的激愤之情呢？就是今天很多人喜欢挂在嘴边的一句话——是可忍，孰不可忍。很难相信这话竟出自孔子之口，究竟是什么事会把向来"温良恭俭让"的老夫子气成这样呢？直接原因是季氏僭越礼节而"八佾舞于庭"。八佾是周朝奏乐舞蹈的行列，一佾相当于一列八人，依照西周礼制的规定，天子是八佾规格，诸侯六佾，卿大夫四佾，士二佾。季氏是鲁国大夫，搞活动需用歌舞队，本该用四佾，但他竟用八佾舞于家庙，八八六十四人，这可是天子专用阵型，你一个大夫敢这样，太不像话了，礼崩乐坏啊！画风实在过分得让人看不下去啊。孔老夫子就是在这种情形之下慷慨激昂地发出了"是可忍，孰不可忍"的慨叹。

为了挽救这种礼崩乐坏的局面，孔子和一众弟子"知其不可而为之"，不辞辛劳地奔走于各国之间。孔子继承和发展了周公礼乐治国的思想，主张用温和的、人民喜闻乐见的方式来推行教化，引导民众向善。他认为要移风易俗、改变社会风气，最好的办法就是推行礼乐文化，使人们自觉地回到礼之规范中，自觉涵养德性，纯洁心灵。"安上治民，莫善于礼。"治国安民，没什么比得上礼的。他对冠礼、婚礼、丧礼、祭礼、射礼、朝礼、聘礼等贯穿于人的一生的礼仪都有研究，很娴熟地用这些来教育学生，使他们在钟磬鼓乐之中，进退揖让之际，涵泳于道德之中，身心得到净化，品性得到提升，行为得到规范，君臣、父子、兄弟、夫妇、朋友伦理关系得以加深。经过孔子的提倡以及孔门众弟子的实践、推广,礼的形式不断丰富、完善,礼的内涵不断深化,形成了博大精深的礼仪文化,成为中国传统文化的核心。

在《论语》中,孔子多次谈到礼,不断阐述、强调礼的实质、礼的作用和礼的意义。他认为"不学礼,无以立"(《论语·季氏》),"兴于诗,立于礼,成于乐"(《论语·泰伯》),以礼教民是最重要的,刑罚是次要的,"道之以政,齐之以刑,民免而无耻;道之以德,齐之以礼,有耻且格"(《论语·为政》)。礼乐不仅仅是外在形式,不能舍本逐末,脱离仁的实质追求礼的形式上的皮毛。"礼云礼云,玉帛云乎哉? 乐云乐云,钟鼓云乎哉? "(《论语·阳货》)

孔子对礼的论述,最具代表性的是"克己复礼"之论。"颜渊问仁。子曰:'克己复礼为仁。一日克己复礼,天下归仁焉。为仁由己,而由人乎哉? '颜渊曰:'请问其目。'子曰:'非礼勿视,非礼勿听,非礼勿动。'颜渊曰:'回虽不敏,请事斯语矣。'"(《论语·颜渊》)颜渊问孔子,啥是仁? 孔子给"仁"下了一个新定义:克己复礼就是仁。"克己"就是约束自己、严格要求自己。人的私心和贪欲如果任其发展,会害了自己,也会害了别人。在孔子看来,"仁",很重要的是"克己",约束自己,反省自己,多做利他利人的事。"复礼"就是符合礼,这为"克己"找到一个外在标准,没有规矩,不能成方圆。用什么来"克己",那就是"复礼"。大家都遵守礼制规矩,凡是符合"礼"的,人们才去做,不符合"礼"的,人们就不去做,整个社会的良好秩序才能建立。这种"礼",不断浸润感染着人的品格,使一个人外表优雅,内心也优雅,以"礼"修己,就可以成为文质彬彬的君子。

在孔子那里,"礼"的精神渗透在社会生活的各个方面,是一个人道德修为的最重要的部分。如果每个人都能够自觉地克己复礼，做一个正直善良的人，他就离仁者不远了，由这样的人构成的社会，就是美丽人间了。

三、礼，是什么

传统之"礼"，包括人的一切行为规范，小如礼貌、礼仪，大如法律、制度，无所不包。现代字典中对"礼"的描述是：礼，是人类社会为了维系正常生活秩序而需要共同遵循的一种行为规范。通俗地说，人们在世上共同生活，就得按大家都认可的方式去为人处事，这个方式或者说规范，让别人感到愉悦舒服的，就是受欢迎的，就是合乎礼的。

在古代，"礼"和"仪"实际上是两个不同的概念。"礼"是典章制度、规则和社会意识观念；"仪"是"礼"的具体表现形式，它是依据"礼"的规定和内容，形成的一套系统而完整的程序。传统"礼"的内涵极丰富、范围极广大、名目极繁冗，深入到社会的每一个层面，"礼仪三百，威仪三千"（《中庸》），没有人能给"礼"下一个全面的定义。

今天，人们习惯将"礼"与"仪"合称为"礼仪"，含有礼节、仪式等意思，比如，见到师长要行礼致敬，路遇尊长要礼让在先，学校举行毕业典礼，奥运会举行开幕闭幕仪式等，这些"礼"综合了礼貌、礼节、仪式等涵义，都是礼仪的内容，是现代礼仪的新概念。礼仪经过数千年的发展，内容十分浩繁、极其复杂，我们在这里也只能从浩如烟海的礼仪中，在传统礼仪的基础上，结合现代社会的礼仪规范，简要地介绍一二。

学习礼仪之前，我们先来看看，"礼"有哪些明显的特征，怎么做才算是合乎"礼"的。

1. 敬与仁,礼之质

《礼记·曲礼上》开篇即说:"毋不敬,俨若思,安定辞,安民哉!"意思是说,任何时候都不要有不敬之心,容貌要矜庄、说话要谨慎。只有如此,方能安定天下万民。所有的礼都要以敬为核心,敬是礼的内在精神,礼是用来表达内心情感的形式。如果内心没有找到根源与依据,就容易走向形式化的表演。

这个"敬"并不是敬礼的敬,并不是要人叩头礼拜的那种表面行为,比如说穿个古代的服装,行个三跪九叩大礼,这是演礼,不是行礼。真正的礼,是发自内心的庄重,保持克己的自我诚敬的状态,达到这样一种境界,从这里发展开来,对人对事处处有礼,那就是知礼了。"毋不敬"三个字,正是对礼之本质的高度凝练,"经礼三百,曲礼三千,其致一也"(《礼记·礼器》),任何礼,都离不开一个敬字。敬,是礼的内在核心精神,丧失内在的敬,礼就会流于虚伪的形式。真正懂礼行礼的君子,绝不会有丝毫的不庄不敬之心。所以孟子说:"君子所以异于人者,以其存心也。君子以仁存心,以礼存心。仁者爱人,有礼者敬人。爱人者,人恒爱之;敬人者,人恒敬之。"

《孝经》中有一段话:"教民亲爱,莫善于孝。教民礼顺,莫善于悌。移风易俗,莫善于乐。安上治民,莫善于礼。礼者,敬而已矣。故敬其父,则子悦;敬其兄,则弟悦;敬其君,则臣悦;敬一人,而千万人悦。所敬者寡,而悦者众。此之谓要道也。"这里的"礼者,敬而已矣"与前面说的"毋不敬",都是对礼的本质在于敬的重点强调。对父祖、对师长、对大自然都要心存敬意。古代所有的礼,无不强调培养人内心的敬意。服饰要整洁,容貌要端庄,步履要缓慢,言语要谦恭,揖让周旋,处处有节……一些重大的仪式甚至要求人们提前很多天就要沐浴、斋戒,让心绪进入行礼的状态。这些要求都可以用一个"敬"字来统领内心情感。只有真正心存敬意，所行之礼才有切实的意义，否则就会流于虚浮。可以说，没有敬就没有礼，所以《孝经》说"礼者，敬而已矣"。这一点也正是我们与西方礼仪的区别所在。西方礼仪是贵族的社交方式，更侧重于仪式层面，如微笑时嘴角上扬多少度、走路时摆臂多少度、握手要几秒等等，而我们中国的礼更看重的是内心的恭敬，只要内心是恭敬的，礼就会自然而然地有了。孔子的学生曾子，有一次在孔子近旁侍坐，孔子向他提出问题，曾子连忙从席位上站起来，走到席子旁边，垂下双手，恭恭敬敬地回答道："弟子愚钝，不能明白其中的道理，还请老师教导。"这就是"曾子避席"的故事。"避席"，是古代的一种礼节，曾子避席回答老师的提问，是为了表示对老师的尊敬。曾子能随时随地施行礼节，正是因为他内心时刻不忘恭敬。

孔子一贯反对只注重外在形式而缺乏精神内涵的"礼"，他说："礼云礼云，玉帛云乎哉？乐云乐云，钟鼓云乎哉？"（《论语·阳货》）意思是说，礼啊礼，说的只是一些玉器帛锦之类的馈赠之物吗？乐啊乐，说的只是钟鼓这样的演奏之器吗？孔子认为，礼不仅仅是珍贵物品的馈赠，发自内心的敬重，比任何物品都更珍贵。他还倡导以仁爱为精神内涵的礼："人而不仁，如礼何？人而不仁，如乐何？"（《论语·八佾》）一个没有仁爱之心的人，即使有礼有乐，又有何用？修身最重要的，是诚意正心，修到善良的人性和仁爱上来。如果人人都能够依礼行事、非礼不为，那么人人都会在不知不觉之间提升了人格而成为一个"仁者"。这与"敬"的本质是一样的，没有发自内心的"敬"，就不可能有真切的仁爱之情。可以说，敬是礼的核心，仁是礼的灵魂，脱离了"敬"与"仁"的礼，就不是真正的"礼"。

2. 得事体，谓之礼

《释名》说："礼，体也，言得事之体也。"《春秋说题辞》中也说："礼者，体也。人情有哀乐，五行有兴灭，故立乡饮之礼，终始之哀，婚姻之宜，朝聘之表，尊卑有序，上下有体。"意思是说，礼，是人们处世治事的根本，是社会秩序的纲纪。不同的社会活动使用不同的礼，就可以"定亲疏，决嫌疑，别同异，明是非"（《礼记·曲礼上》）。比如，朝觐之礼，用以使人明君臣之义；聘问之礼，用以使诸侯相尊敬；乡饮酒之礼，用以明长幼之序；婚姻之礼，用以明男女之别等。

礼是为人处事的根本，正确地学习礼、使用礼，可以化干戈为玉帛，内外一片谐和；忽视礼这一本质，就可能招致祸患，使玉帛成干戈。历史上齐顷公就因为漠视外交之礼而招致一场战事。

公元前592年，齐国国君齐顷公在朝堂接见来自晋国、鲁国和卫国的使臣，使臣们都带来了墨玉、币帛等贵重的外交礼品献给齐顷公，以示邦交友好。献礼的时候，齐顷公一看，晋国的亚卿郤克是个驼背，鲁国的上卿是个跛脚，卫国的上卿孙良夫是个独眼。他不禁暗暗发笑：使臣们的形象太有趣啊。于是回宫后就与母亲萧氏讲这一幕，萧氏一听就乐了，一定要亲眼见见，齐顷公就导演了一出恶作剧。

第二天，齐顷公设宴招待使臣。齐顷公让与使者有同样残疾的仆人分别给他们御马，让萧夫人躲在帷帐的后面观看。当使臣的车子一起到达，众人依次入厅时，萧夫人掀开帷帐向外望，一看到这情景便忍不住哈哈大笑了起来，她的随从也个个笑得前仰后合。笑声惊动了众使者，当他们弄明白原来是齐顷公为了让母亲寻开心，特意做了这样的安排时，怒不可遏，拂袖而去。晋国郤克更是在黄河边发誓，一定要报复齐国。后来，郤克就联合他国一起讨伐齐国，于是就发生了《左传》和《史记》

当中都有记载的"鞌之战"。齐国不敌,大败,齐顷公只得"割地献宝"求和。

齐顷公搞这样的恶作剧,在历史上应该不算什么惊天动地的大事,却在《左传》《史记》中都有记载,尤其是《史记》,在齐、晋世家中都有记载。这足以说明,我们是礼仪之邦,文明尚礼是我们的文化传统。齐顷公不讲究基本的外交礼仪,做出恶搞残疾人这样的悖礼之事,实在是有违我们的道德传统,所以才被作为反面教材反复出现在史籍中。

《礼记·礼器》中还说到,礼有以多为贵的,有以少为贵的,有以大为贵的,有以小为贵的,有以高为贵的,有以下为贵的,有以文饰为贵的,有以朴质为贵的。礼有种种不同,无论哪一种,都要与行礼之对象相称,只要得体,符合使用礼的条件,就是礼。"天不生,地不养,君子不以为礼,鬼神弗飨也。居山以鱼鳖为礼,居泽以鹿豕为礼,君子谓之不知礼。"(《礼记·礼器》)天地不生养的物品,君子不以其为礼,鬼神也不享用。居住在山区却要以鱼鳖作为礼品进行馈赠,住在水乡却要用鹿猪作为礼品进行馈赠,君子认为这就是不懂礼。这与《礼记·曲礼上》中所说的"贫者不以货财为礼,老者不以筋力为礼"正是一个意思,贫穷的人不要以金银财宝为礼,年老的人不以过于耗费体力的礼仪为礼。礼的制定,本意并不在于多与少,只在于是否相称。行礼时一定要注意区分场合、对象与环境,要得体,才符合礼的本质。

3.仪与俗,礼之表

内在的礼要通过一定的外在形式表达出来,这种形式就是各种仪式与礼俗。仪与礼,是互为表里的关系,礼是内在的,是人们对自己、对他人的恭敬与尊重之心;仪是外在的,是通过一定的形式、程序、动作等表现出来的礼。《礼记·礼运》中说:"礼,必本于天,殽于地,列于鬼神,达于丧祭、射御、冠昏、朝聘。故圣人以礼示之,故天下国家可得而正也。"礼,渗透在天地间各个领域,丧祭礼、射礼、成年礼、婚礼、朝聘礼等等人生各种仪式,无不是通过内在的细致的礼来支撑的。人们可以通过各种仪式活动,来体会蕴含其中的礼,感受礼的人文熏陶。

生活中不能没有仪式,很多重大事务开始或结束时都要举行相关仪式,比如,举行运动会有开幕与闭幕仪式,兴建大厦有奠基与落成典礼,学校有开学和毕业典礼,还有其他各种人生礼如婚礼、丧礼等等。有的人认为举行仪式不过是搞形式主义,对其中的礼节程序很不以为然,这是因为没有理解仪式的内在意义。

仪式是表达内心理念的一种方式,不同的仪式反映着不同活动的内涵,礼的形式可以随着时代变化而变化,但其中礼的精神始终贯穿古今。举行仪式的目的并不是为了玩一些表面花样,不是为了举行仪式而举行,仪式的作用是营造出一种庄敬肃穆的气氛,以引起人们的重视和敬畏,使人不由自主地受到一种情感的熏陶。

可见,仪式是十分必要而不可忽略的,但完整的礼仪是"仪"与"礼"的完美结合,如果过于重视表面的"仪",而忽视其中的"礼",同样也是不可取的。

《左传》中记载,鲁昭公就是这样一个"知仪不知礼"的人。鲁昭公有一次带领着鲁国的外交使团去晋国访问,从晋国郊外的迎宾礼到互相馈赠礼物,整套仪式极其复杂繁琐,鲁昭公却做得非常到位,举手投足没有任何不妥的地方。晋平公不禁对鲁昭公刮目相看,跟身边的大夫女叔齐说:"鲁昭公这不是很知礼吗?"没想到女叔齐很不屑地说:"他这哪里是懂礼呀。这是仪,不是礼。礼,对于平常人来说,是修身成为君子,对于国君来说,则是按道德要求去治理好国家。而鲁昭公国内搞得一塌糊涂,权力被三家大夫瓜分了,老百姓都快不知道还有鲁昭公这么一个国君了。身为国君,大难临头,他不用心思考自身的问题,也不用心思考怎样治理国家,却把心思放在这些琐碎的仪式上,这哪里算得上是知礼呢?"

鲁昭公本末倒置,不懂得"礼"的内涵和根本,而只追求表面的"习仪已亟",因而遭人嘲笑。的确,仪,作为外面的形式,更容易引起人的注意,易懂易学。而礼则是内里的深层的东西,容易被忽略,因此很多人就把表面的东西看作是礼。

比如,今天不少人热衷于传统礼仪,喜欢举办传统婚礼及其他一些传统人生礼,但大多取其形而忘其神,只是对表面的一些程序仪式生搬硬套,甚至连"形"也未得要领。这种缺少传统和底蕴的表面仪式,是对中华传统礼仪的模仿而不是传承,未得传统礼仪之内在精髓。

再比如,今天很多公司为了提升品牌形象,开始重视礼仪培训,从着装、表情到如何站、坐、行、鞠躬等,都有着统一的标准,然而这些职业礼仪在实际操作中,很容易偏向于表面的"仪态"培训,并未将"礼"的核心思想内化于每个人心中。连微笑这一日常表情,都变成了必须露出八颗牙齿的"职业微笑"。有些职业微笑总让人感觉太假、太牵强。我们的笑容应源自对生活的真诚热爱,对职业发自内心的喜爱,只要心怀诚敬,真心为客人着想,即使不微笑,客人心里也是舒服的。如果只是用职业化的微笑表面应付客人,甚至皮笑肉不笑,就算露出再多的牙齿,客人也不会感到温暖。只有源自内心真实的欢快,散发出来的笑容才会感染人,所以,真诚是最美的笑容。真诚就是心中的"礼",笑容就是表面的"仪"。缺乏内心的真诚,再美的微笑也只是表面文章。礼必须靠仪来表达，仪也不能抛开礼单独表现，心中怀"礼"，面上带"仪"，就是最完美的"礼仪"。

不仅仅是服务礼仪，现代的社交礼仪、商务礼仪也一样，我们除了在各种场合不失体面之外，更重要的是修身，以德润心，心怀恭敬之礼，就没有行不好的"仪"。

同样，千变万化的"俗"也是由内在的"礼"来支撑的。俗话说"十里不同风，百里不同俗"，俗作为一种约定俗成的生活方式，大多与日常生活有关，地域间差别很大，且广泛而随意。无论男女长幼、识字与不识字，都可以浸润其中，例如过年有贴春联的习俗，关于春联的内容、规格等，没有硬性规定，完全是个人自愿，但几乎全国人民都会选吉祥的祝福对联，这种行为就是由俗背后的"礼"来决定的，是人们对未来亘古不变的美好祝愿代代相传形成了贴春联这种习俗。不管风俗如何千变万化，莫衷一是，但其中的"礼"只有一个，它是大家都认同的一种价值、一种高层文化。

任何仪式、乡俗、风情、方言都只能代表某一地区，只属于地域文化，它们有一个共同的核心，就是中华之"礼"，它是全中国人共同的文化。丢弃了"礼"的核心精神，只追逐五花八门的表面仪俗，就不是真正的懂"礼"，就不可能真正地融入中华文明之中。

4.礼从宜，使从俗

"礼从宜，使从俗"（《礼记·曲礼上》），说的是礼的适宜适度原则。礼，不是一成不变的。时代在发展，社会在变化，礼俗、礼仪和礼制等也要因时制宜、与时俱进。

礼要与时俱进，要与时代环境、具体场合和周围事物相适宜。《礼记·礼器》中说:"礼,时为大,顺次之,体次之,宜次之,称次之。"意思是说,礼,首先要合乎时代环境,其次是合乎伦理,再其次是区别对象而不同对待,然后是合乎人情,最后是要与身份相称。用现在的话讲就是,礼仪要与时俱进。如果礼仪脱离当下的时代环境,脱离人们的生活而高高在上,又怎么可能具有生命力和影响力呢?

作为依附于百姓生活、习惯、情感与信仰而产生的礼仪文化,数千年来形成的礼仪礼俗底蕴深厚,但它绝非一成不变、历来如此的,而是随着时代嬗变不断更新、与时俱进的,是"变"与"不变"的统一。比如,今天见面礼节由作揖改为握手,迎娶由花轿改成彩车,变的是表面仪式,不变的是礼的核心。荀子说过,"移风易俗,天下皆宁",倡导改变旧的、过时的风俗习惯。他还强调,"习俗移志,安久移质",即习俗风尚能改变人的志向,长期安居能转变人的气质。今天我们应弘扬传统礼之精华,剔除其中糟粕,随着社会环境的变化,很多礼仪规范也应当有所调整。当然,调整应该有一定的尺度,不能变得面目全非,更不应完全抛弃。现在有些人根本不知道什么样的场合应当使用什么样的礼仪,所有的仪式似乎都浓缩成一个"吃"字,朋友相见,吃;接待宾客,吃;举行婚礼,吃;过年过节的,更是聚会吃喝,这种形式与真正的礼仪已相去甚远了。

礼仪还要合乎人情,要与人的内心情感相顺应。一切礼,都要讲究一个"度",都要合乎人之常情,否则就会将礼架空于人之上,讲礼就空洞而毫无意义。礼规定了一般情况下人的行为规范,但是,总会有特殊的情况发生,这时候就不必完全按固定的规范去做,而要在坚持原则的情况下灵活处理。例如,古礼有"男女授受不亲"的礼仪规定,有人就问孟子,如果自己的嫂子掉进水里怎么办? 孟子认为,当两种礼相矛盾时,就要遵从人之常情,如果拘泥于"授受不亲"的礼法而不去救人,就是禽兽不如了。所以，在此情况下，要灵活处理，果断去救。这是礼的权宜通变之道。

古礼中的丧礼，也是从人情出发来制定的，要求人们悲伤有度，"毁不灭性"，孔子的儿子孔鲤，为母服丧，期满后还一直哭泣不止，被孔子听到，就问身边的学生：是谁在哭啊？弟子们说：是孔鲤。孔子就叹了口气说："其甚也，非礼也！"太过分了，这就不是礼了。孔鲤于是就脱下丧服不敢再哭泣。可见，礼的本意并非要求人顽固地恪守教条，而是从人情出发，灵活掌握。

另外，礼仪程序应简易适宜。孔子的弟子林放，有一次问了一个被孔子称赞为"大哉问"的问题。他问："什么是礼之本？"孔子回答得很经典："礼，与其奢也，宁俭；丧，与其易也，宁戚。"意思是说，礼仪，与其奢侈，不如节俭；丧事，与其仪式上治办周备，不如内心的真正哀伤。孔子认为，礼的本意，要反应人的内在情感的一种需求，并不是做给别人看的，所以无需铺张浪费用以炫耀，节俭一点并不影响礼的本质。举办丧礼，是为亲人哀悼，如果内心完全不感悲痛，却为了面子大操大办，就失去它本来的意义了。所以，礼仪程序简单还是复杂，并不能作为礼的真假辨别标准。

《礼记·曲礼上》说："敖不可长，欲不可从，志不可满，乐不可极。"意思是说，傲慢之心不可以滋长，私欲不可以放纵，志气不可以自满，享乐不可以无度。过犹不及，礼要适宜有度，处处体现着适宜原则的礼，才是真正的礼。适宜是礼的基本特征之一，也是礼的本质之一，失去这个原则，礼就不能称为礼了。

第二章　不知礼，无以立

我们知道，古代的儒生要学习和掌握"礼、乐、射、御、书、数"这六种基本才艺。其中，"礼"是六艺之首。不学礼，其他一切知识都是白学；不知礼，其他事情做得再好也没法在世上立足。古时读书人家的大门上，常常写有"诗礼传家"四字，这个故事源出于《论语·季氏》。

有一天，孔子站在庭院里，他的儿子孔鲤"趋而过庭"，小步快走过庭院，孔子叫住他说："你学习《诗》了吗？"孔鲤回答说："还没有。"孔子告诉儿子说："不学诗，无以言。"孔鲤于是"退而学诗"。

又一天，孔子还站在庭院里，孔鲤又"趋而过庭"，孔子又问他："你学习礼了吗？"孔鲤说："还没有。"孔子又对他说："不学礼，无以立。"孔鲤于是"退而学礼"。

不学诗，你就不能把话说好；不学礼，你就不能立足于世。用今天的话说就是，要说话先读书，要做事先做人。我们为什么要学礼知礼，习礼用礼？不论你学识多渊博，地位多显贵，如果不懂得基本礼节，不学习与人相处之道，就无法做好任何事情，无法令自己与他人乃至与整个社会融洽相处，最终无法立身，所以孔子说"不学礼，无以立"。钱穆先生也曾经说过："礼教恭俭庄敬，此乃立身之本。有礼则安，无礼则危。故不学礼，无以立身。"

《礼记·曲礼上》说:"太上贵德,其次务施报。礼尚往来。往而不来,非礼也;来而不往,亦非礼也。人有礼则安,无礼则危。故曰:礼者不可不学也。"意思是说,上古时代,人们崇尚德行,只讲施恩而不求回报;后世不讲施恩却期待回报。礼是讲究双方对等的,给人以恩惠,而对方不愿回报,这不符合礼的要求;接受了别人的恩惠而不思报答,也不符合礼的要求。人懂得礼,处境就安宁;反之,就有可能出现危险。所以,人不可以不学礼。

"人无礼则不生,事无礼则不成,国无礼则不宁。"(《荀子·修身》)充分说明了"礼"之"天经地义"的重要性。

一、人无礼不生——礼是人禽之辨的标志

说起人与动物的区别,大家通常能想到的是马克思说过,人与动物的根本区别是人能制造和使用工具。其实,咱们中国人早于马克思两千年前就提出了独特的看法。《礼记·曲礼上》中说,礼,是人与动物相区别的重要标志:"鹦鹉能言,不离飞鸟,猩猩能言,不离禽兽。今人而无礼,虽能言,不亦禽兽之心乎? 夫唯禽兽无礼,故父子聚麀。是以圣人作,为礼以教人,使人以有礼,知自别于禽兽。"鹦鹉会说话,可它仍然是只鸟;猩猩也会说话,可它终究还是禽兽。所以人如果没有礼节,只是会说话,心却跟禽兽一样,这跟动物有什么分别? 禽兽没有礼节,所以乱伦,因此圣人制定礼仪,人学了礼,就自觉地与动物区别开来了。"知自别于禽兽"这句话很深刻,因为这是人的一种文化自觉:不文明的事我不能做。在街上随地大小便、乱扔垃圾、大声嚷嚷……这是人应该有的行为吗? 畜牲才如此啊。我们要自觉地跟畜牲拉开距离,因为我们是有礼

的文明人。

可见，动物不会学礼用礼，只能服从大自然规律，而人不仅有主观能动性，打造工具、改造世界，还会制礼用礼，打造礼教这种超越自然的大家共同遵守的秩序规范，衣食住行处处都体现着人类的文明，显示着人类的修养。这些事情，是动物界再怎么努力进化也做不来的啊。

当然，有时候，我们也常常用动物界的感人故事来教育人，诸如"鸦有反哺之义，羊有跪乳之恩，马无欺母之心""虎毒不食子"，老百姓评论一个道德极其败坏、有悖人伦的人，也会发出"真是畜生不如啊"这样的感慨。正反面说的都是一个道理：礼义道德，是做人之标配品质，如果失去了礼，就比动物还不如。

"凡人之所以为人者，礼义也。"（《礼记·冠义》）如果说，动物有所为、有所不为是出于一种本能的话，人，作为万物的灵长，应该充分发挥自我能动性，自觉区别于动物，自觉用礼武装头脑，接受礼之教化。礼，关乎人们衣食住行生活起居等一切方面，教人"自卑而尊人"，律己以敬人。人无礼不生，礼是人与动物相区别的重要标志。

我们所熟知的《诗经·相鼠》就是一篇与礼有关的讽刺诗，它可谓骂尽天下不习礼，无威仪之人：

相鼠有皮，人而无仪。人而无仪，不死何为！

相鼠有齿，人而无止。人而无止，不死何俟！

相鼠有体，人而无礼。人而无礼，胡不遄死！

"人而无礼，胡不遄死"，果然还是"思无邪"的《诗经》表达得最直接：人要没了礼，还活着干嘛，趁早死了吧！

齐国的贤相晏子曾用这首诗来劝谏过齐景公。有一天，齐景公和大臣们酒喝得高兴，就对众臣说："今天大家痛痛快快地喝，不必拘泥礼节。"晏子听到后大吃一惊,直言道:"您错了!只有禽兽才凭借力量进行统治,天天改换首领。如果君王抛开礼仪,不就和禽兽一样了吗?《诗》都说了,'人而无礼,胡不遄死!'如果群臣凭借勇力恃强凌弱者,就会天天更换君王,这将如何稳固君位呢?人比禽兽高贵,就是因为人讲究礼仪啊。"景公喝得正酣,根本不理会晏子的劝告。

席间,景公起身离席时,晏子故意不起身;等景公又进来时,晏子还是视若无睹;喝酒时,晏子就抢先喝掉,毫不谦让。景公气得脸色都变了,质问晏子为何如此无礼。晏子这才起身解释说:"我并非敢冒犯您,我只是用这种做法来展示给您看,这就是没有礼的样子。您如果想不要礼,就是这样了。"景公恍然大悟地说:"寡人知错了。"从此以后,景公整治法度、修明礼仪,百姓也都恭敬有礼。

二、事无礼不成 —— 礼是处世做事的分寸

《礼记·仲尼燕居》中记载,孔子说:"礼者何也?即事之治也。君子有其事,必有其治。治国而无礼,譬犹瞽之无相与,伥伥乎其何之?譬犹终夜有求于幽室之中,非烛何见?若无礼,则手足无所措,耳目无所加,进退揖让无所制。"在这里,孔子用了两个非常形象的比喻,来说明礼是什么。君子行事治事必然要依存于礼,礼对于治理国事而言,就如同盲人的导盲犬,又如同黑夜里的烛光。没有礼,人们就会手足无所措,耳目也无法听与看,陷入无尽的迷茫之中。

一切事情都要依靠礼才能得以完备:道德仁义,没有礼就不能成就;教化人民端正风俗,没有礼就不能完满;君臣上下、父子兄弟,没有礼上下名分就不能定;从师学习,没有礼就不能亲密;治理政事、为官执法,

没有礼就会失去威严;各类祭祀、供奉鬼神,没有礼就不能虔诚庄重。因此,君子都态度恭敬、懂得节制、对人谦让,这样来体现礼。这就是《礼记·曲礼上》中所说:"道德仁义,非礼不成。教训正俗,非礼不备。分争辩讼,非礼不决。君臣上下、父子兄弟,非礼不定。宦学事师,非礼不亲。班朝治军,莅官行法,非礼威严不行。祷祠祭祀,供给鬼神,非礼不诚不庄。是以君子恭敬、撙节、退让以明礼。"

这段话的意思其实很好理解,咱们举个例子来说吧。比如在军队里,士兵见了将军要敬礼,这不是多此一举,目的是提醒士兵,他是长官,必须服从他。如果士兵见了将军不敬礼,拍着他的肩膀叫"哥们",摸着他的脑袋喊"伙计",这就乱套了,将军不像将军,士兵不像士兵,没有"礼"的约束,就像一帮乌合之众,将军一点权威都没有,发出的命令下属也不坚决执行,如何能打胜仗呢?所谓"君臣上下、父子兄弟,非礼不定",就是这个意思。礼使官员像个官员,父亲像个父亲……其他方面,礼的作用也莫不如是,皆是要人诚敬庄重以明礼,明礼才能成事。

所以说,在生活中,礼节能够突出每个人的身份,有利于事情的顺利进行,礼的作用可是不容小觑的。大家都知道"折冲樽俎"这个成语,不出宴饮之间,不费一兵一卒就能制敌千里之外,怎么做到的呢?这就是"礼"的功劳了。

话说春秋时期,晋国想攻打齐国,晋平公就派大夫范昭出使齐国,以探明齐国形势。齐景公盛宴款待范昭。席间,当酒喝得兴致正浓时,范昭竟无礼地提出用齐景公的酒杯斟酒喝。景公说:"那就用我的酒杯给客人进酒吧。"范昭一饮而尽,晏子立即命侍臣撤掉这个酒杯,为景公重新换了酒杯。范昭假装喝醉了,高兴地跳起舞来,并对齐国太师说:"能为我演奏一支成周乐曲吗?我将随乐而起舞。"太师回答说:"我没学过。"

范昭走后,齐景公担心地说:"晋国,是个大国啊。派人来视察我国,如今你们触怒了大国的使臣,这可怎么办呢?"晏子理直气壮地说:"范昭并不是不懂礼节,他是故意试探我们君臣,所以我才如此的。"太师接着说:"成周之乐乃是天子享用的乐曲,只有国君才能随之而起舞。而今范昭不过是一个大臣,却想用天子之乐伴舞,所以我不能为他演奏。"

范昭回到晋国后,向晋平公报告说:"齐国是不可进攻的。我想试探其国君,结果我的无礼被晏子看穿了;想冒犯他们的礼乐,又被其太师识破了。"范昭认为齐国有这样知礼懂礼的贤臣,是不可能被打败的,所以放弃了攻打齐国的谋划,一场战事因为"礼"而消灭于萌芽之中。孔子听到这件事后,称赞晏婴及齐国太师说:"善哉! 不出樽俎之间,而折冲于千里之外。"

晏子和乐师因为外交有"礼"而避免了一场战事,礼对于一个国家、一件事情的重要性由此可见一斑。"治国不以礼,犹无耜而耕也。"种地得有工具,治国治事也一样。事无礼不成,国无礼不宁,大到国事,小到家事,都要依靠礼的力量才能成事,不知礼,不用礼,就会寸步难行。

三、不知礼,无以立——礼是修己立身的方法

"君子之学也,以美其身"(《荀子·劝学》),美身修身的最佳方法,莫如习礼用礼。所谓"礼,身之干也"(《左传·成公十三年》)。礼,就好像我们身体的脊椎一样重要,身体没有脊椎,人就无法站立;不学礼用礼,人的德性就无法挺立。《礼记·礼器》中说,礼,对于人的作用,"如竹箭之有筠也,如松柏之有心也",这就是俗话说的"人要脸,树要皮",礼对于人,就好比于树皮与树心对于树木一样重要。

《礼记·礼运》中说，"故礼义也者，人之大端也，所以讲信修睦，而固人之肌肤之会、筋骸之束也；所以养生送死、事鬼神之大端也，所以达天道、顺人情之大窦也。故唯圣人为知礼之不可以已也。故坏国、丧家、亡人，必先去其礼。"也就是说，礼，是人自我修养的根本方法，失去礼，不讲礼，就会导致身败名裂、国破家亡，后果很严重。

《礼记·礼运》中还用了非常形象的比喻来说明礼对于修己立身的重要性："礼之于人也，犹酒之有蘗也。君子以厚，小人以薄。"意思是说，礼对一个人来说，就好像酿酒用的酒曲一样，有了礼的浸润，才能成就温和敦厚的君子品格。《论语·宪问》中记载的孔子和子路的一段对话，很好地说明了这一比喻。子路问孔子，什么样的人才是"成人"（完美的人）？ 孔子在回答时，提到了臧武仲、公绰、卞庄子等三位鲁国的大夫，以及自己的学生冉求。他认为，有了臧武仲的智慧，公绰的没有私欲，卞庄子的勇敢，冉求的学问，这些品德还不够，这些只是制造"君子"这杯酒的原料，没有酒曲，就成就不了"君子"这杯醇厚之酒，这个酒曲就是孔子说的"文之以礼乐"，将礼乐与这四种品德完美结合，才可以"成人"，即成就君子之品。可见，礼是最重要的修身之方，没有礼，一切品格都难以圆满。

孔子认为，人无完人，每个人的品格都不同，但无论是哪种品格的人，没有礼，都达不到理想的境界。因此孔子说："恭而无礼则劳，慎而无礼则葸，勇而无礼则乱，直而无礼则绞。"（《论语·泰伯》）意思是，恭敬而不懂得礼的人，就会空自劳碌；谨慎而不懂得礼的人，就会显得胆小；勇敢而不懂得礼的人，就会作乱；直率而不懂得礼的人，就会说出伤人的话。平心而论，恭、慎、勇、直这四种品格也很可贵，但它们只要离开了礼的指引，都不会结出"正果"。

曾子谨记孔子的教诲,他一生重礼守礼,即使在生命的最后时刻也要以礼来修身正身。《礼记》中记载了"曾子易箦"的故事。曾子弥留之际,他的儿子、学生和书童都恭敬地守在床边。有个书童看到他身下的席子惊讶地说:"多么漂亮的席子啊,这就是大夫才能用的竹席吗?"学生乐正子春赶忙制止他说:"别说话!"曾子听了很惊讶,惭愧地说:"这席子是季孙氏送给我的,确实是大夫才能享用的席子。按照礼制我不能使用它,你们赶快帮我换了它吧!"两个儿子心疼地说:"您病得这么重,不能再移动了,还是等天亮再换吧。"但曾子坚持要换掉席子,强打着精神说:"你们爱我的心还不如书童啊!君子爱一个人就会成全他的美德,小人爱一个人却只会一味姑息纵容。我现在还有什么可求的呢?只盼能像君子那样循礼守法而死。"于是大家一起抬起曾子换了席子。还没有躺稳,他就安然地闭上了眼睛。曾子没有做过大夫,无意中用了大夫专用的席子,但他视守礼法甚于生命,不肯死于"非礼",在生命的最后时刻也要以身护礼,以礼守身,为后人所称颂。

第三章　古之常礼，今为我用

对于礼，我们在前面已经有了一些基本的了解，只了解当然不够，我们学礼是为了在工作和生活中更好地用礼、守礼。现代社会，虽然讲民主、讲人权、讲自由，但为人处世的一些基本礼节谁也不敢忽视，无论口头上多么不喜欢礼的人，别人礼遇他，他也会很舒服；别人不尊重他，他也会不高兴；见了领导，他也懂得主动打招呼，不会扭头而过；见了尊长，他也明白要正式称呼，不会称兄道弟……凡此种种，看似小事，却都不是小事，这就是人之常情，是人们自觉不自觉都在用着的礼。

不可否认，自古以来的传统礼仪中确有一些迷信与不合时宜的部分，但更多的则是源于生活、用于生活、与生活息息相关的礼仪规范，有体现个人修养素质的，有规范家族门风的，无一不是古人从无数生活经验中总结归纳出来的，饱含着丰富的文化修养。传统礼仪中的一些基本日常礼仪特别是其中蕴含的道德内涵，对于今天的我们仍然是不可或缺的。

一、正容体，齐颜色——仪表举止之礼

"礼貌"是今天的常用词，如"这个人很有礼貌"，"要做讲礼貌的

人"。"礼貌"在今天更多是形容词,但在最初,它是名词"有礼之貌"的意思,是说一个人的容貌姿态恭敬有礼的样子。可以说,一个人的全部礼仪,是从端正自己的仪态容貌开始的。正所谓"礼义之始,在于正容体、齐颜色、顺辞令。容体正,颜色齐,辞令顺,而后礼义备。以正君臣、亲父子、和长幼。君臣正,父子亲,长幼和,而后礼义立"(《礼记·冠义》)。这段话说明了端正容颜体态的重要性。我们常说"相由心生",心怀恭敬之心,仪容才会端正。一个连容貌都不端正的人,对人对事又怎么可能有认真的态度呢? 一个人的容颜仪表、一举一动,是其整体形象与综合修养的直观体现,如果不重视,轻则对人对事缺少庄重与敬意,重则可能招致杀身之祸。

《左传》中有个感动杀手之人的故事叫"锄麑刺赵盾"。春秋时,晋灵公是个无道昏君,他的大臣赵盾为人忠诚,时时处处地劝谏他,晋灵公烦不胜烦之下竟起歹意,派了个叫锄麑的杀手去刺杀赵盾。锄麑不仅武艺高强,责任心也很强,大半夜就出门了,凌晨三点多就到了赵家,准备伺机动手,没想到赵盾起得比他还早,只见寝室门打开着,赵盾早已穿好了朝服,端端正正地静坐着闭目养神,只等上早朝。锄麑见了这情形很是惊讶,就退了出来,感叹道:"不忘恭敬,民之主也。"一个人平居时候,都毕恭毕敬,这绝对是国家的栋梁啊,假如我杀了他,对不起国家,对不起人民,这是不忠;假如我不杀他,又失信于君王,这是不信。不忠不信,何以为人呢? 锄麑于是"触槐而死",撞树自杀了。赵盾因为"不忘恭敬,盛服待朝"而躲过一场杀身之祸,锄麑因为"不贼恭敬,竟自触槐"而得以在史上留名,足见一个人的容体端正可以产生多么强大的力量。

《礼记·玉藻》中的"九容",把一个人的容颜体态、面目表情和举手投足等方面的参照标准进行了高度概括:足容重、手容恭、目容端、口容止、声容静、头容直、气容肃、立容德、色容庄。我们站立行走要稳健，手摆放的位置要显示出对人的恭敬，目光端正不游离，嘴巴平稳静止少说话，声音宜安静平和，头要正直不宜摇头晃脑，气场肃静令人敬畏，身姿挺立笔直以显品行端正，表情要严肃庄重。符合礼的仪表，应该是严整洁净、端庄恭敬而规范得体的。

仪表举止这么重要，那我们就来看看从头到脚有哪些礼仪值得学一学吧。

1.冠正衣洁，仪表整齐

俗话说，穿衣戴帽，各有所好。每个人喜欢什么打扮是每个人的自由，我们应该充分尊重这种个性化需求，不以自己的审美去随便评价和要求别人。但是在穿着打扮这件事上，相信谁也不能为所欲为，大家都还得遵循一些基本的着装礼仪。什么场合下该有什么妆容、什么穿着，必须恰当、得体。比如你去参加教师面试，顶一头紫发，穿一身比基尼，考官一看，说你该去参加COSPLAY，你工作就没了。再比如你去参加朋友亲属的葬礼，化一脸浓妆，穿一身艳红，当时朋友就会跟你绝交的。众叛亲离，走哪哪不通，还能立足于世吗？ 所以说，不能忽视面容着装之礼。一个人呈现在众人面前的，首先是面容着装，常言道"歪戴帽子斜穿衣，一定不是好东西"。穿着仪表可谓是我们立身处世的首张通行证。

自古以来，君子穿衣着装的基本要义是讲究"正""洁"，即冠正、衣洁。古人在正式场合，服饰讲究"三紧"，就是帽带、腰带、鞋带都要紧，人的精神状态才会显得端严振作，才能表现出对人、对事的郑重。身体放肆宽慢，就显得不庄重。《弟子规》中有训："冠必正，纽必结。袜与履，俱紧切。置冠服，有定位。勿乱顿，致污秽。衣贵洁，不贵华。上循分，下称家。"就是说，戴好帽子系好扣，衣服鞋袜宽松有度，不宜穿太窄小或太长大的。衣服要好好放置，不可沾染污垢。衣服但求整洁，不求华美。总之你的穿戴要与你的身份和内心的德行相称。

老话儿说得好："笑破不笑补。"你衣服脏了不洗、破了不补、皱了不整，说明你懒惰邋遢。衣服破旧没关系，缝补好了洗干净弄平整了，说明你简朴利落，不仅不会被耻笑，还会受人尊重。因为人人鄙视脏乱差，而简朴是素来被提倡的，只有衣冠不整、不修边幅才会被人们耻笑。

古人非常讲究"冠"即各种帽子的使用。《礼记·冠义》有云："冠者，礼之始也。是故古者圣王重冠。"冠是古代士者身份的象征，有身份的人才能戴冠，凡已行冠礼的男子，即成年男子，出门若不戴冠，或戴冠不正，都被视为无礼。如果当众免冠，则用以表示请罪、谢罪。

古人对帽子很重视，重视到什么程度呢？有时看得比生命还重要，摘冠跟掉脑袋一样，士可死却不能摘冠。《左传》中记载了"子路正冠而死"的故事。孔子的重要门生子路在卫国从政时，逢卫国内乱，子路以"食焉，不避其难"的态度不肯出逃，在激烈的战斗中，子路受了重伤，帽缨被人挑断，掉落在地上，他强忍着剧痛，自语道："君子死，冠不免。"于是结缨正冠而死。子路在临死之前仍不忘重视仪表、重视礼节，在敌人的刀锋下从容地系好帽缨就死，这就是一种深入骨髓的君子修养。今天帽子对我们而言似乎意义没那么重大了，但古人"冠必正，纽必结"的态度仍是很值得我们借鉴。

古代有教养的家庭对孩子的穿着也是有礼仪规定的："童子不裘，不帛，不屦绚，无缌服。"(《礼记·玉藻》)不给孩子穿貂皮大衣，绫罗绸缎，不穿过于装饰的鞋子。也就是说，给孩子穿衣戴帽以简单舒适为宜，如果有谁家的孩子穿裘皮大衣、戴貂皮帽子、脚踩一双珍珠鞋去上学，显然是不合乎衣着之礼的，不仅不会让人称赞，反而会让老师和同学觉得不庄重不本分。

现在有些学生，包括一些社会上的成人，很喜欢与人攀比，比老子、比房子、比车子、比饮食……谁的衣服是什么名牌的，谁的鞋子价值不菲，"你有我也得有"，这种想法不知困扰了多少人。其实，无论多华贵的衣服总是有价的，可一个人彬彬有礼的修养和气质却是多少钱都买不到的。《弟子规》中说："唯德学，唯才艺。不如人，当自砺。若衣服，若饮食，不如人，勿生戚。"你道德学问、才能技艺不如别人，你就要不断勉励自己，努力赶上。但如果是吃的、穿的不如人家，就用不着忧愁悲伤。因为吃好穿好并不是什么值得夸耀的光彩之事，做人最重要的还是品德修养。立身处世，我们应该清楚，修养才是独一无二、真正属于自己的。我们愿意花钱买高级化妆品修饰自己的脸，买高档衣服装扮自己的身体，为什么不愿意努力提高修养来彰显自己的形象呢？所谓"富润屋，德润身"（《大学》），德行才是人最好的化妆品、最好的衣服啊。如果人生在世，只看重吃穿，不重视内心的修养，即使每日脚踏五彩祥云，也并不能彰显身份的高贵。

现代社会，人们的服饰打扮可谓五花八门，但总的来说，穿着打扮还是应当符合人们共同认可的审美心理。任何时代，"冠正衣洁"这一仪表原则总是不过时的。要知道，修养是自己的，不是别人的，我们以有修养的、符合礼仪的形象示人，绝不是给予别人，而是更好地展示自己。穿着打扮上有这样几点需加注意：

一是着装要整洁。无论在什么场合，穿什么款式的衣服，都要讲究整洁，整齐与干净是美感的前提。再时髦再高档的服装，皱皱巴巴，满是污垢，也谈不上什么美感。一个穿着整洁的人总能给人以积极向上的感觉,也显示着对他人的尊重。

二是穿着要得体。服装的选择不在于材料是否昂贵,牌子是否有名,也不在于样式如何标新立异,而在于衣服的颜色、式样等是否和我们自身及我们所处的环境达到和谐的统一。能够使二者融为一体的,就是得体的服装。不论是高矮胖瘦,年轻的还是年长的,只要根据自身的特点,用心地去选择与自己年龄、肤色、体型等方面相配的服饰,就一定可以穿出服饰的神韵。

三是穿出自己的个性,不盲目跟风。年龄、性格、职业、文化素养不尽相同,自然就会形成不同的气质,我们在穿着打扮时,不仅要符合个人的气质,还要突现出自己美好气质的一面。要根据个人主观的爱好、气质、修养、审美等,选择充分体现自身个性的服饰,给人以强烈的美感,突出你独特的一面。穿出自己的个性,不盲目追赶时髦,因为最时髦的东西往往是最没有生命力的。

四是着装要与时间、地点、场合相配。着装也要讲究"天时、地利、人和",要合乎季节,不能冬行夏令,反季节穿着会给人以怪异的感觉。要注意场合,在什么地点什么环境穿什么衣服,在学校要穿校服,在办公室要穿典雅庄重的职业装,出席婚礼要穿得明亮,参加葬礼要穿得凝重,在家中则可穿舒适的家居服。

五要注意配饰和其他细节的搭配。合适的配饰如耳钉、胸针、手表、眼镜、丝巾等,可以调节单一的服饰,能给人增加美感与神采。配饰运用得好,会起到画龙点睛的作用,但如果不懂审美,胡乱搭配,则会让人感到不伦不类,从而令自己的形象大打折扣。我们要格外注意细微之处,选择那些可以更好衬托自己形象的配饰。

所以说,穿衣戴帽不仅是为了保暖,更是人类文明的表现,不论男女老幼,在衣着打扮上,一定要符合身份和场合的需要,以洁净、素朴、雅观为宜,不要盲目追求华美,不要另类与诡异。所谓"礼从宜",冠服之礼亦在其中。

2.色庄体恭,举止稳重

冠正衣洁的同时,要配以端庄的表情和举止。表情是人的第二张脸,人的喜怒哀乐等各种心理感情都会从表情的微妙变化中反映出来,所以在与人交往时,一定要注意自己的表情。有好的表情,还要有好的仪态举止,如果举止不端,就是徒有其表,与礼相悖了。所谓"颜色称其情,戚容称其服"(《礼记·杂记》),孔子也说:"君子不重则不威,学则不固。"(《论语·学而》)就是说,人只有庄重才有威严。

表情要端庄稳重,不嬉皮笑脸。我们要让自己的表情随时保持端庄大方,不能出现轻浮、放荡的神情。《礼记·祭义》中说:"心中斯须不和不乐,而鄙诈之心入之矣。外貌斯须不庄不敬,而慢易之心入之矣。"意思是,如果心中有片刻不平和与不快乐,那么卑鄙奸诈的念头就会进入;如果外表有片刻不庄重与不恭敬,那么轻佻怠慢的念头就会进入。我们要时时刻刻保持堂堂正正,从内心到外表都光明磊落,用礼乐来浸润自己的内心。《程董二先生学则》中也有如此要求:"容貌必庄。必端严凝重,勿轻易放肆,勿粗豪狠傲,勿轻有喜怒。"

《荀子·修身》中说:"君子贫穷而志广,富贵而体恭,安燕而血气不惰,劳倦而容貌不枯,怒不过夺,喜不过予。"意思是说,君子即使贫穷困窘,但志向还是远大的;即使富裕高贵,但体貌还是恭敬的;即使安逸,但精神并不懈怠懒散;即使疲倦,但容貌并不无精打采;君子懂得用礼法克制私意,因此即使发怒,也不过分地处罚别人;即使高兴,也不过分地奖赏别人。

要以真诚的笑容对人。人类最动人的表情就是微笑,它可以拉近人与人之间的距离,面带微笑随时向人传递着这样的信息:我很欢迎你,我很信任你,我愿成为你的朋友,我愿意帮助你,我们会合作得很愉快……面带微笑,是自信的体现,是礼貌的表示,是坦诚的象征。

古人的笑容讲究含蓄,不可放荡不羁地大笑,而应以笑不露齿为宜。"凡人大笑则露齿本,中笑则露齿,微笑则不见齿。"(《礼记·檀弓上·疏》)若大笑露齿,久笑牙齿便感到冷,所以古人以"齿冷"讥讽那些让人耻笑者。不仅如此,笑还要注意身份和场合。比如,父母病时,笑不露齿龈。为人子,不随意嬉笑。丧礼上,不可笑。今天我们在笑时也要看清环境与气氛,不可不分场合乱笑一通。

当然,今天我们的微笑不一定总不露齿,但无论是开怀大笑,还是抿嘴微笑,最重要的是要笑得真诚,笑得有礼貌,笑得适宜。有些专业的职业笑容,看起来僵硬而缺乏真情,就会令人感到不自在。当你笑不出来的时候,宁可不笑,也不要让面具一样的微笑挂在脸上,不真诚的笑容非但不能表达敬意,反倒会令礼貌失去意义。真诚之人,笑的时候眼睛微微下弯,目光平视别人的眼睛,眼神专注而热情,绝不仅是面部肌肉在笑。微笑的同时,还要注意配以热情的言行,尊重他人的感受。

目光亲切,态度平和。眼睛是心灵的窗户,是人的生命之光。眉飞色舞、眉目传情、愁眉不展、怒目而视等成语都是通过眼神来反映人们的喜怒哀乐等感情。心理学认为,人的眼睛是最诚实的,透过眼神,我们可以观察一个人是含情脉脉还是无动于衷,是从容镇定还是紧张慌乱,是欣喜愉快还是悲哀沮丧,是轻松自在还是拘谨尴尬……一切尽在无言的眼神中。

孟子早就说过，看人好坏，最佳方法就是看眼睛，因为眼睛是不会说谎的，不能掩饰内心之恶。"存乎人者，莫良于眸子。眸子不能掩其恶。胸中正，则眸子瞭焉；胸中不正，则眸子眊焉。听其言也，观其眸子，人焉廋哉！"（《孟子·离娄上》）心术正不正，你眼睛里都写着呢，不管你嘴上说什么，你的眼睛说的都是心里话，是人无法隐藏的内心。

所以与人交往时，注意"非礼勿视"，要有宁和、亲切的目光，既不咄咄逼人，也无怠慢敷衍之意，要把自己的目光放虚一点，不要紧盯着对方，而要表情放松，露出微笑的神情，给人一种亲切感。谈话时如果双目生辉，炯炯有神，就会让人觉得你心情愉快、充满自信；相反，双眉紧锁，目光无神或不敢正视对方，就会被对方看作是无能的表现。

愤怒的目光能产生巨大的威慑力，柔和的目光可以产生强烈的诱惑力，诚恳、友好、坦然、坚定、专注的目光都是积极的。要避免轻佻、愤怒、轻蔑、奸诈、茫然、冷若冰霜等让人退避三舍的目光。

通常，双方见面时，我们应亲切地注视对方的眼睛或脸部，但要注意，不要一直紧盯着对方的脸看，这样会使人尴尬。同时，我们还要注意自己视线的高度。视线过高，是傲慢之相，视线过低，就好像有忧虑在心，令人不安，歪头斜眼地看更是心术不正之相。这就是《礼记·曲礼下》中所说的："凡视，上于面则敖，下于带则忧，倾则奸。"

要丰富自己的表情。表情要端庄，这并不是要求人们要板着脸、面无表情。现代社会节奏快，压力大，很多人的标志性表情就是"面无表情"。无论别人说什么，做什么，都无视其身份以及与自己的亲疏关系，一味以"面无表情"来应对，自己还觉得这是成熟稳重的表现，真是太辜负"礼仪"二字了。其实，和气致祥，和蔼可亲的表情、言语会给人带来好运。拜访师长、应邀访问、接待客人时，表情要丰富而热情、柔和而安详。当众讲话时,表情也要随着发言的内容做出相应的变化,不要一个表情做到底。路遇熟人、与人见面之初都要微笑示人,与人交谈、争论时表情宜缓和,即使争论得再激烈,也不可面目狰狞,过于激动。

3.坐立行走,皆要端正

姿势是一个人内在修养的最直接的外在表现,在正式场合,无论是坐还是站,都要端正。歪坐、斜站、眼睛到处乱看,都是怠惰不敬的表现。如果一个人走到哪里都喜欢倚着、靠着、躺着,就会给人以松懈、懒散的感觉,你的形象分就要大打折扣了。传统礼仪中对坐、立、行走、躺卧等日常举止,是非常讲究的,处处要合乎"礼"。"坐如钟,立如松,行如风,卧如弓",就是古人所倡导的行止仪态。《韩诗外传》中说"立则磬折,拱则抱鼓,行步中规,折旋中矩",都是强调行走坐卧要合乎规矩的端正之态。

坐如钟:

入座轻缓,身体端正。

在椅子凳子出现之前,古人吃饭、起居都要"席地而坐",因此关于坐的礼仪大多与"席"相关联。在地上先铺一大块席子,叫做"筵",在筵的上面再铺上大大小小的细软的席子用来坐,叫做"席",同时摆放一只小茶几当桌子。一块坐席就是一个席位。方的叫做"独坐",多为长者或尊者而设。按照方位,分为主席、宾席、尊席、正席、偏席等等。古人在招待宾客之前要先布席,客人坐席时有很多规矩,席位要摆正,席次要坐对,不能随便乱坐。所以孔子说:"席不正,不坐。"(《论语·乡党》)这不是矫情,而是遵礼、守礼的表现。

《礼记·曲礼》中还要求，"侍坐于长者，屦不上于堂"。不能穿着鞋在席上入座，进屋之前必须先脱去屦、履、屐、鞬等等各种鞋，然后才能入室上席，这是"入席"的礼仪，就好比我们今天上床上炕，不能穿鞋上去是一样的道理。

现在我们虽然不用席地而坐了，但更需要注意坐的礼仪。入座要轻柔缓和，坐态要端庄优美。在正式场合和一些安静的场所，入座一定要轻手轻脚，不要猛起猛坐，不可弄得座椅乱响，影响他人。落座后保持安静，身体不要前仰后合、左右摇晃，表现出一副坐卧不宁的样子。离开座位时，要随手把桌椅摆放端正。

坐姿从容自然、端庄大方。在椅子或沙发上不要坐满，不要紧靠椅背。上身挺直，两肩自然放松，双手放在扶手或腿上，女性不宜分腿而坐，男性双腿可稍微分开，但不要过大，一般与肩宽大致相等，两脚自然着地。在有靠背的座椅上就座时，身体可微向后倾，靠在靠背上，但不要仰靠，露出懒散的样子。女性尤其要注意，穿短裙子要防止"走光"，不能张开双腿，东倒西歪，而应时刻保持优雅。

《弟子规》中说的"勿箕踞，勿摇髀"就是这个意思，不要双腿伸直张开了坐，也不要边坐边晃大腿。"箕踞"可说是古人最随便的一种坐姿了，但在正式场合是绝对不能用这种坐姿的，这是一种轻视对方、傲慢无礼的姿势。古人入席之后，对坐姿有很多讲究，"蹲踞""箕踞"或"安坐""正坐""跪坐""恭坐"等等姿势都属于坐。其中，"安坐"是最合乎礼仪的坐姿，即跪地，两膝着地，臀部落在脚跟上。这种坐姿很有权威性，有身份的人在公开场合都要这么坐。乱坐是很不尊重人、不懂礼节的行为。孔子的老相识原壤，就曾因乱坐而被孔子臭骂一通。有一次，他用"箕踞"这种姿势伸开双腿像簸箕一样坐着等孔子，孔子当场就怒了,用拐杖边打原壤的小腿边骂道:"幼而不孙弟,长而无述焉,老而不死,是为贼。"(《论语·宪问》)用今天的话说就是,你从小不懂事,长大了也是废物一个,老了还不死,就是个害人精啊。

《史记》中记载,荆轲刺秦王,图穷匕首见,却未刺中秦王,在身负重伤的情况下,他靠着柱子大笑,"箕踞以骂"。我杀不了你,但我可以用肢体语言鄙视你,侮辱你。今天在人前呈现这种坐姿也是极不尊重的表现。

传统礼仪中还有许多关于坐的礼节,今天仍然适用。例如,"并坐不横肱,授立不跪,授坐不立"(《礼记·曲礼上》)。与别人并排而坐时,不要横着臂肘,那是旁若无人的表现,会使旁边的人无法安坐。把东西给站着的人不要坐着给,把东西给坐着的人,不要站着相授。"为人子者,居不主奥,坐不中席。"(《礼记·曲礼上》)"奥"这个地方是在室中西南角,是尊者所处的地方,做晚辈的,不要占据尊长起居的位置;不要坐在席位的正当中,那样既不尊重长辈,又显得狂妄无知。"长者立,幼勿坐,长者坐,命乃坐。"(《弟子规》)在长者面前,要留意"长幼有序"的原则,长辈站着时,晚辈旁若无人地坐着,是很不懂礼的表现。长辈站着,我们要静静地陪站在一旁,当长辈坐下来了,吩咐我们也一起坐时,我们才可以坐下来。如果长辈没让我们坐,那我们就要侍奉在长辈旁边,服务于长辈。

另外还要注意,不同场合宜用不同的坐姿。在朋友聚会等非正式场合,坐姿可以随意一些,在坐姿端正的基础上,坐得舒服就好。参加面试时,要坐在指定座位上,坐姿要挺拔自然。在会议、座谈、谈判等正式场合,坐姿要严肃、一丝不苟,要坐得直、坐得正、坐得稳,不要有大幅度的身体摆动。与长辈或贵宾谈话时,要将身体稍稍前倾,以示专注、尊重的态度。与后辈谈话，不可以挺肚后仰的姿势示人。

　　总之，关于"坐"，要处处体现文明懂礼，保持端庄稳重、落落大方的优雅仪态。

　　立如松：

　　站姿是人最基本的姿势之一，是人们日常生活中最引人注意的姿势，它是一种静态美，能在很大程度上反映出一个人的精神状态、品质修养以及健康状况。良好的站姿能衬托出一个人美好的气质和风度。站得直的人通常给人自信的感觉，人们在描述一个人生机勃勃充满活力的时候，经常使用"身姿挺拔"这种词语，甚至还从一个人站得是否笔直来判断他的人品是否正直。

　　正确的站姿要领是肩平、臂垂、躯挺、腿并。站立时两眼平视，表情自然。双肩稍微放松并保持平正，脖颈挺直，下巴微收。两臂放松，双手自然下垂。挺胸收腹，双脚并齐。女性应显得亭亭玉立，男性则应显出潇洒沉稳。《礼记·曲礼上》中就提到，"立必正方，不倾听"，是说在正式场合，站立的姿势一定要正向一方，不要歪着头，探听左右。

　　要保持文雅的站姿，不要双手环抱胸前、歪头斜脑，不要弯腰驼背，不要伸长脖子东张西望、双腿抖动，也不要随意倚靠在墙上和栏杆上。《弟子规》中说，"勿践阈，勿跛倚"，人在站立时，要从整体上有种优美挺拔、精神饱满的体态，不要没事总踩着门槛，不要出现用一条腿支着身体斜靠着的无力形象。在尊长面前，不要无精打采，东倒西歪，不要倚门、靠墙、趴桌子，也不要耸肩驼背，双手插兜或叉腰而立。除了站立的姿势要保持端正之外，同时还要注意站立的地方，是否适宜。

　　如果你站不直，再美的容貌和着装也救不了你的形象。我们不必站得跟仪仗队一样板正严肃，但至少要优美悦目，在别人眼中显得神采奕奕，自己也舒服。

行如风：

行走也是人生活中的主要动作之一，体现的是一种动态美。"行如风"就是形容步态轻松自然就像风行水上一般，传统礼仪认为这种步态很优美，走路"八字脚"及歪走横行等走法都是不雅的。针对不同场合与情况，行走还应当有轻重缓急之分。

汉刘熙《释名》记有四种走相：两足进曰行，徐行曰步，疾行曰趋，疾趋曰走。不同的场合采用不同的走相，才符合礼的要求。古人视"趋"为一种礼节，在尊长、贵宾面前走过时，一定要低头弯腰，以小步快走的方式对尊者表示礼敬，这叫"趋"。如趋庭、趋出、趋走、趋进等等动作，无不饱含敬意。今天我们在与贵宾见面时，仍有快步迎上前去，点头致意，握手寒暄的礼节，这大概就是古之"趋"礼的遗风吧。

孔子有一次受鲁国国君之召接待外宾，领命之后，他神色庄重，拱手弯腰，"趋进，翼如也"（《论语·乡党》）。用如同张翅的飞鸟一般动作来快步向前，以示尊敬。孔鲤在接受孔子的庭训时每每"趋而过庭"，后人多用"趋庭"或"过庭"来指代长辈的教训。

当然，"趋"也不是到处都可以的。如《礼记·曲礼上》就要求"堂上不趋""室中不翔"，"翔"与"趋"动作差不多，在室内如果还像张翅的飞鸟一般，就有可能四处碰壁了。

孔子非常重视人的仪表举止，他善于通过观察一个人的坐立行走，来判断此人君子与否。《论语·宪问》里就描述了这样一段情景：有个家乡的童子来拜见孔子，等他走了以后，有人就问孔子：这小孩怎么样，是个可造之才吗？孔子当即断定，不是。为什么呢？因为我看见他坐在大人席位上，还跟长辈并肩而行，这不是求上进的"益者"，这是急功近利的"欲速成者"呀。孔子之所以一票否决了这个童子，就是因为一个真正有修养的人，不会连基本的坐立行走之礼都不讲究。

《弟子规》有几处提到行走进退之礼，如"进必趋，退必迟"。见尊长时，要快步走上前，显示对长辈的尊重。从尊长身边告退时，则要缓慢退出，以显示对长辈的不舍和敬重。再如，"缓揭帘，勿有声，宽转弯，勿触棱"。这是说，走路拐弯时角度要大一些，不要碰着棱角，以防造成不必要的伤害。

传统行走礼仪中，还有"行不中道，立不中门"（《礼记·曲礼上》）的原则。即走路不可走在路中间，应该靠边行走，站立不可站在门中间。这样既表示对尊者的礼敬，又可避让行人。

今天我们对于走姿步态的要求，仍然是稳重大方，礼让他人。

走路要保持正确的姿势。虽说人的走相千姿百态，没有定式，但从礼仪的角度讲，行走应身体挺拔、精神焕发、步伐稳健、步履自然。起步时，上身略向前倾，身体重量放在前脚掌上。行走时，应目视前方，上体正直，不低头，双肩自然下垂，两臂自然前后摆动，重心可稍向前倾，迈步不要抬脚过高，落地太重，也不要走得有气无力，拖泥带水。这样走起来才显得轻盈矫健，如流水一般连贯而优美。

走路要看场合，合规矩。行走时，不能只顾姿态优美，还应该符合具体情况，符合规矩。平时走路步子不要迈得太大，速度要均匀适当，不要太快。在办公场所，行走速度可以稍快，以迎合工作节奏；在图书馆、病房等安静的场所，则要放轻脚步。也就是说，走路也要分火候，如果你什么时候都是风风火火的，别人就会觉得你毛躁不稳重，甚至觉得你不认真不仔细;但如果你总是走得拖沓过慢,又会让人觉得你打不起精神来。

走路还应观察周围环境。几个人一起行走时,应尽量同步行走,男性和女性一起走时,男性的步伐要与女性保持一致,晚辈和长辈一起走时,晚辈要和长辈的节奏一致,总之,行走速度与习惯不同的人,在一起行走时,要相互适应和配合。

仪表举止之礼是一切礼的开始,一个人有礼与否,内在修养如何,都是通过外表来体现的,想要立足于世,首先就要端正自己的仪容仪态、仪表举止。无论是穿着打扮、表情神态还是坐立行走,都要体现出一种端庄恭敬之心来,无声地表达出对他人的尊重。我们仪表端正了,举止得体了,才有与这个世界和谐相处的可能。

二、孝父母,敬尊长——日常居家之礼

1.生活勤勉

说起生活习惯,人人都知道应该养成良好的习惯,但在实际生活中,却非人人都能做到,很多人对此并不积极主动。特别是现代社会,人们的生活节奏空前之快,早起早睡、收拾内外的生活习惯大概只有老人拥有。孩子的一切事务由家长包办代劳,上班一族们匆匆起床上班,地铁上吃个"热狗"当早餐,恨不能刷牙洗脸都在车上解决。不少人觉得,早起晚起,不耽误工作学习就行,屋子收不收拾,不影响写字学习就行,认为做大事之人不必拘泥于日常这等小事。

东汉时期有个叫陈蕃的书生,他也是这样认为的。《后汉书》中记载,陈蕃学识渊博,胸怀大志,少年时代就以天下为己任,每日发奋读书。有一次,他父亲的一位老朋友薛勤来看他,见他独居的院内杂草丛

生,秽物满地,就对他说:"你怎么不打扫下屋子,以招待宾客呢?"陈蕃回答:"大丈夫处世,当扫天下,安事一室乎?"看看,这雄心壮志,经天纬地呀,我是要扫天下的大丈夫,岂能干这种小事!薛勤当即反问道:"一屋不扫,何以扫天下?"陈蕃听了无言以对,觉得深有道理。从此,他开始注意从个人卫生讲起,从身边小事做起,最终成为位列三公的一代名臣。《滕王阁序》中有两句话:"物华天宝,龙光射牛斗之墟;人杰地灵,徐孺下陈蕃之榻。"说的就是他了。

所以说,不能小看良好的生活习惯所带来的积极作用,任何大事都须从点滴小事做起。生活习惯是一个人自制能力的体现,一个人生活勤勉,态度积极,做事清爽,不拖泥带水,就会传递给他人一种"天天向上"的正能量,令他人产生愉悦感和信赖感。相反,一个人连基本的个人卫生都搞不好,任何时候都是一副邋里邋遢的样子,恐怕很难被人接受和欢迎。

自古以来,历代典籍文章、家训家规等等,无不强调生活习惯的重要性,我们一起来看看。

"朝起早,夜眠迟,老易至,惜此时。晨必盥,兼漱口,便溺回,辄净手。""房室清,墙壁净,几案洁,笔砚正。墨磨偏,心不端,字不敬,心先病。列典籍,有定处,读看毕,还原处。虽有急,卷束齐,有缺坏,就补之。非圣书,屏勿视,敝聪明,坏心志。"《弟子规》中这两段话,可谓是今古通用、男女老少皆宜的生活好习惯。

它提醒人们,要养成好的作息习惯,早起刷牙漱口,避免一口大黄牙,大小便后要记得洗手。书房要整理清洁,墙壁要保持干净,到处是苍蝇屎蚊子血可能会影响你的创作灵感。文房四宝要摆放整齐,不得凌乱,否则墨磨偏了,心也跟着歪了,字都不能饱含敬意了,还怎么读书写字呢。再着急也要把书整理好,有破角缺损的,要满怀深情厚意地把它补好,因为,书是人类的好朋友嘛。

《礼记·内则》中强调:"凡内外,鸡初鸣,咸盥漱,衣服,敛枕簟,洒扫室、堂及庭,布席,各从其事。"不管是侍奉父母、公婆还是其他长辈,尊卑长幼都要遵守这条规矩。鸡一叫,就都起床,穿好衣服刷牙洗脸,叠被扫地铺席子,各忙各的事。

朱柏庐的《朱子家训》篇首即讲作息习惯。很多句子我们今天还耳熟能详:"黎明即起,洒扫庭除,要内外整洁,既昏便息,关锁门户,必亲自检点。一粥一饭,当思来处不易;半丝半缕,恒念物力维艰。宜未雨而绸缪,毋临渴而掘井。自奉必须俭约,宴客切勿流连。器具质而洁,瓦缶胜金玉;饮食约而精,园蔬逾珍馐。"除了每天黎明就起床,养成良好的作息习惯,还要注意勤俭持家,自己生活上必须节约,宴请客人时要大方慷慨,不要藏匿物品不舍得拿出。餐具质朴而干净,虽是用泥土做的瓦器,也比金玉制的好;食品节约而精美,虽是园里种的蔬菜,也胜于山珍海味。

民国时期,有这样一首好听而上口的歌谣:"天方明,人已醒。披衣下床,日光满窗。梳洗完,至窗前。取帚拂尘,取布拭几。"对照一下,如此简单的小事情,我们每天都做到了吗?

结合传统居家礼仪,今天我们应当注重培养这样几种好习惯。

一要爱护并保持自己所处的环境整洁。在家里,要保持自己的家庭室内环境干净整洁,井井有条。把自己的书房摆弄得整齐有序,把书桌上的东西整理好,把长时间不用的东西清理干净,使自己坐在桌前学习思考时感觉身心舒适、温馨、祥和、自在,感觉眼前明亮、阳光。这样会使自己的心灵变得更加宁静、平和、放松。在办公室,要保持自己的工作环境干净整洁,如保持自己的书房卫生一样去用心维护。特别要注意整理自己的办公桌,从办公桌上的环境可以看出一个人的素质和工作态度。如果办公桌上长期杂乱无章,不加整理和打扫,就会给人以散漫邋遢、没有责任心的感觉。

二要早睡早起,合理安排每天的时间。生活勤勉的人,通常都很有时间观念,善于合理安排时间,节约时间。无规律的生活习惯会扰乱人体的生命节律,降低人体的免疫力,使疾病发生率增高,对健康极为不利。因此应该起居定时,按时作息,保证充足适度的睡眠。睡前不喝茶或咖啡,进食不过饱。

三要养成良好的饮食习惯。就像《朱子家训》中说的那样:"饮食约而精,园蔬逾珍馐。"饮食最重要的是符合健康。健康的饮食是指膳食中应该富有人体必需的营养,同时还要避免或减少摄入不利于健康的成分。良好的饮食习惯包括按时进餐、坚持吃早餐、睡前不饱食、咀嚼充分、吃饭不分心、保持良好的进食心情和气氛等。

四要坚持适当运动。生命需要运动,过少和过量运动都不利于健康。每个人可根据自己的年龄、身体状况和环境选择适当的运动种类。运动形式并不重要,重要的是量力而行,循序渐进,持之以恒。最简单的运动是快步走,每天快步走路3公里,或做其他运动30分钟以上(如爬楼梯)。最好能够保持心率加快、身体发热状态15分钟以上。

五要注重自我形象。要注意个人形象,衣着头发要保持干净整洁、大方得体,这样既是对别人的尊重,给人以生机勃勃的感觉,又能使自己更加自信。

六要拒绝不良嗜好,保持健康的生活方式。不吸烟,吸烟是严重的不健康行为。不酗酒,酒醉伤身,也伤害智力,同时也有失风度。不痴迷于网络游戏,不做电视迷,远离毒品,不赌博,不玩物丧志。

七要保持平和心态。在学习、工作和生活中要注意让自己的思想跟上周围环境的变化,不断变换角色,调整心态。在与他人和社会的关系上要能够正确看待自己、正确看待他人、正确看待社会,保持良好的人际关系,适应社会。要树立适当的人生目标,控制自己的欲望,这样就会保持愉悦的一生。

2. 孝敬父母

中国有句广为人知的古话,百善孝为先。孝敬父母,自古就是中华民族的传统美德与礼仪,中华民族的孝文化历史悠久,源远流长。三千多年前的甲骨文中就已经出现了"孝"字。就像孩子搀扶老人之形,"孝"字所表达的意思就是做子女的要尽心尽力地关爱、侍奉父母,这就是"孝"的最直观、最基本的含义。中华文化最讲孝道,孝是最基本的中华礼仪,"二十四孝"的中华传统孝道故事在民间广为流传。历代正史都记有"忠孝列传",把孝作为德之本、善之首,求忠臣必于孝子之门,对孝道极力弘扬,对孝子大加表彰,对不孝的人必予惩治。

唐朝德宗年间,有一个名叫李皋的人在温州做官。有一天,他到境内各地巡视,看到一个白发苍苍的老妇人独坐路旁,哀伤哭泣,便上前询问。老妇人说:"我有两个儿子,一个叫李钧,一个叫李锷,兄弟俩先后去了京城,参加科举考试,到现在已经二十年了,一直没有回过家。我一个老婆子,无依无靠,没有活路了……"还未说完,就已经老泪纵横,悲痛欲绝了。李皋心想,父母含辛茹苦,教养子女,何其不易!此恩重如山,深似海,子女应该知恩报恩,孝养父母,这才是行仁的根本。现在李氏兄弟自己在京城享受荣华富贵,却弃家中贫困老母于不顾,简直枉为人子！连父母都不孝的人，还会为国家尽职尽忠吗？于是，李皋将二子的不孝之过上奏朝廷。德宗得知后，立即下令免除两人的官职，终身不再录用。

孝，是做人的根本，连父母都不爱的人，就不可能有真正的仁爱之心。如果说世界上谁是最伟大的人，或许每个人都有各自不同的答案；如果说谁是世界上最无私的人，相信我们大部分人的答案都是，我们的父母。父母是儿女的生命之源，孝敬父母是儿女天经地义的责任。

行孝有方法。要遵礼仪，循孝道。中华传统孝道的内涵主要有：赡养和敬爱父母长辈；继承父母之志；祭祀祖先，承袭祖先之德；事亲以礼；不自取其辱，不轻生，不伤害自己，以免危及父母等。从中我们可以看出，真正的孝有三种境界：一是养父母之身，照顾父母生活起居，关心父母衣食住行等，这是最基础的；二是养父母之心，承欢父母膝下，和颜悦色，博父母欢心，开解父母胸中愁烦，使父母保持精神愉快；三是行父母之志，牢记父母教诲，发扬父母德业，实现父母志愿和期望，弥补父母不足，不懈努力，完善自身，以求报效社会国家。这三个方面融会贯通、并行不悖，才是真正意义上的孝道精神之所在。具体生活中，孝敬父母不能停留在理论和口号上，而要体现在生活中一件件小事上，要尽心尽力把这种孝道落到实处。

关心父母，勤于问候

做子女的，应向父母勤问候，以表达对父母的尊重、关心和体贴。早上起床向父母问好，晚上入睡前向父母问安，父母外出或下班也要问候。过新年或每逢节日时都要向父母问候祝福。有时间要多陪父母说说话，让他们多接受新鲜事物，这样一来，父母的疲惫、烦恼，甚至病痛，都会在你充满爱心与关怀的问候声中化解消失。

《弟子规》中说："冬则温，夏则清；晨则省，昏则定。"做子女的，要处处为父母生活着想，嘘寒问暖，早晚请安。有事外出，要告诉父母你的去向，办完事回到家，要跟父母说一声"我回来了"，这样做才能让父母放心。这正是《礼记·曲礼上》中所说的，"夫为人子者，出必告，反必面，所游必有常，所习必有业，恒言不称老"。

《礼记·内则》中对问候父母有着更多的细节要求："子事父母，鸡初鸣，咸盥漱，栉縰笄总，拂髦冠緌缨……以适父母舅姑之所。及所，下气怡声，问衣燠寒，疾痛苛痒，而敬抑搔之。出入，则或先或后，而敬扶持之。进盥，少者奉盘，长者奉水，请沃盥。盥卒，授巾。问所欲而敬进之，柔色以温之。"意思是说，做子女的，每天天一亮就应该起床，打扫室内和庭院的卫生，然后洗漱、穿戴整齐，到父母的房门前，要和声细气地询问父母晚上休息得好不好。如果休息得不好，应该询问原因，及时想办法解决。如果父母身上有痛痒之处，应该主动帮助抓搔，让他们感到舒服。父母出门，子女应该跟随前后，或者亲热地拉着手，或者恭敬地扶着胳膊，小心照料。父母要盥洗，子女应该端脸盆，盥洗完毕，要递上毛巾，问他们想吃什么早点，然后恭恭敬敬地端上，柔颜悦色地侍候左右。

今天，这种问候似乎颠倒了，很多家庭，都是父母天不亮就起床，照顾上班或上学的子女，把他们叫起床，端上子女爱吃的早饭，帮子女收拾妥当，打点他们出门。子女们对这种照顾习以为常，还时常不耐烦。想想这些，是不是觉得我们好像遗忘了些什么呢？

照料父母，爱乎其身

做子女的心中要时时惦记着父母，家中有美味佳肴、时令果蔬，首先要让父母亲尝,然后再自己吃。及时为父母添置生活用品,关心他们的生活状况。随着父母年纪不断增长,子女尤其应该多关心父母的健康状况。当父母劳累时,子女应主动帮助或请父母休息一下;当父母外出时,孩子应提醒父母是否遗忘东西或注意天气变化;当父母生病时,应主动照顾,陪同就医,煎药、喂药、问寒问暖,多说宽慰话,并鼓励老人多进行一些室外活动,多做一些适宜的体育锻炼。

《礼记·内则》中对于子女要如何照料父母的身体说得很细致:"父母唾洟不见,冠带垢,和灰请漱;衣裳垢,和灰请浣;衣裳绽裂,纫箴请补缀。五日,则燂汤请浴,三日具沐,其间面垢,燂潘请靧;足垢,燂汤请洗。"意思是说,父母年事已高,手脚不灵活,生活上往往不能自理,这时,做子女的应该处处帮助他们,例如,脸上有口水或鼻涕,要马上帮着擦掉;衣帽脏了,要及时擦洗;衣服破了,要及时缝好。每隔五天,要烧好热水让他们洗澡;每隔三天,要帮他们洗一次头。这期间,如果头或者脚脏了,也要用热水给他们洗干净。

父母生病时,子女要不离不弃,衣不解带的侍奉在床边。照料父母服用汤药,则要亲口尝过,确定汤药不冷不热,才放心请父母服用。这就是《弟子规》中说的"亲有疾,药先尝,昼夜待,不离床"。这方面做得最好的非汉文帝莫属。西汉时期倡导"以孝治天下",汉文帝刘恒堪称孝的典范。文帝的母亲薄太后,连续三年卧病在床。在这三年当中,汉文帝每天处理完朝政,就回到母亲身边,在病床前尽心侍奉母亲。每次煎好汤药,汉文帝都要亲口尝一尝,温度合适,才喂母亲喝下。他时时陪伴着母亲,给母亲的精神带来了很大安慰。三年后,薄太后的身体终于康复,汉文帝却因操劳过度而病倒了。汉文帝践行孝道,感动了百姓,成为天下孝道的楷模。

《礼记·曲礼下》还说，为父母找医生看病一定要找行医三代以上的，即"亲有疾饮药，子先尝之，医不三世，不服其药"，用今天的话说就是，不要病急乱投医，要陪父母到有资质的医院就医，服用正规药品，以确保父母用药的安全。

父母生病会打破家中正常秩序，子女要调整心态，耐心服侍，要比平时更加体贴，切不可心生抱怨，更不能置之不理，吃喝玩乐。对此，《礼记·曲礼上》说："父母有疾，冠者不栉，行不翔，言不惰，琴瑟不御，食肉不至变味，饮酒不至变貌，笑不至矧，怒不至詈。疾止复故。"意思是说，父母亲有病，子女除了侍汤奉药之外，还要配合适当的担忧之心。每天没有心思梳洗打扮，走路也没有平时的神气，不与人说笑话，也不弹琴唱歌，吃肉不吃到腻味，饮酒不饮到脸红，不会开怀大笑，也不会因发怒而骂人。直到父母的病好了，才恢复常态。

如果有一天，你发现父母喜欢吃稀饭而吃不动脆脆的青菜了；如果有一天，你发现他们过马路上楼梯行动越来越慢了；如果有一天，你发现他们吃饭时总是咳个不停（千万别误以为是感冒，那是吞咽神经老化的现象）；如果有一天，你发觉他们不再爱出门……你就要知道，父母真的上了年纪，他们可能会大小便失禁，可能会很多事都做不好，正是这样，才更需要我们的关心与照顾。

尊敬父母，顺乎其心

孟子说过："孝子之至，莫大乎尊亲。"（《孟子·万章》）孝养父母，不仅在饮食方面要悉心照顾，还要发自内心的尊敬父母，时时了解他们的心情。不仅要使父母起居安适，更要愉悦其耳目，令其内心快乐，这样做才是真正的孝子。曾子说："孝子之养老也，乐其心，不违其志。乐其耳目,安其寝处,以其饮食忠养之,孝子之身终。"说的也正是这个意思。

曾子,就是曾参,相传著有《孝经》,关于他论孝、守孝的故事很多。曾参家里虽不太富裕,但他事奉父亲每餐都有酒有肉,酒肉在当时还属于稀缺食品,要待父母吃过后晚辈再吃。晚辈吃过后,父母会关心地问,还有剩余吗? 不管有没有剩余,曾参一定会回答:还有。

曾参之所以这样回答,是因为他能想父母之所想,体贴父母的用心。作为父母,当然希望晚辈也能分享美味佳肴。听说酒肉"还有",父母才会吃得心安,心里才会舒服。孟子说像曾参这样养父母,可以称得上是"养志"。志就是心中的意愿,养志就是养心。如果不考虑父母的心情,即使供给再好的美味佳肴,父母吃下去不舒服,就只是养身,而不是养心。所以说,养心才是子女奉养父母的最高境界。

体贴父母,在父母面前要保持开心的状态,这不是说让我们一定要达到"二十四孝"当中的"戏彩娱亲"的程度,但至少要让自己和颜悦色,心情不好也尽量表现得高兴些,不让父母担心。《礼记·祭义》中说:"孝子之有深爱者,必有和气;有和气者,必有愉色;有愉色者,必有婉容。"就是说,人的脸色是内心情感的表露,如果真心爱父母,心存感恩之情,自然就会对父母微笑相待,展现出和气的面容。

现在有些子女衣来伸手、饭来张口,自理能力很差,一面让父母"伺候"着,一面又厌烦父母为自己操心,不给父母好脸色,还时不时发点脾气,可谓脸难看,话难听。孔子曾经对他的学生们说过,孝敬父母什么最难,是"色难",就是子女在父母面前保持和颜悦色最难。"色难",其实是心难,难在对父母时时有一颗恭敬的心。在父母面前流露出不屑与不耐烦,父母怎么能心安呢?

孝顺孝顺,有孝还要有顺,要使父母开心,就要从内心深处真正尊敬父母,对父母时时怀有一颗真诚的恭敬之心。《礼礼·坊记》中说:"小人皆能养其亲,君子不敬何以辨!"孔子说得更直白:"今之孝者,是谓能养。至于犬马,皆能有养。不敬,何以别乎?"就是说,养狗养马这也是养,如果对父母没有恭敬心,那么养父母跟养狗养马又有什么区别呢?这怎么能叫孝?有养有敬才是孝。曾子直接把孝分成三种层次:"孝有三,大孝尊亲,其次弗辱,其下能养。"说白了,仅照顾父母吃喝的,是下孝;照顾吃喝同时注意不辱骂父母的,是中孝;而耐心奉养父母、尊重体察父母心情并想办法使父母顺心的,才称得上是上孝、大孝。

对照这些,今天我们有多少人用心去思考、去琢磨过父母的心思?很多儿女都说以后赚了大钱,会买洋房、买名车给父母,当然这个心是不错,但父母想要的真的是这些吗?大部分父母都是说,希望孩子不要太忙了,周末能够回来看看我们、吃一顿饭,我们就满足了。对父母尽孝,一定要体贴父母的心情,知道父母需要什么,按照父母的意愿,顺着他们,孝敬他们,这才是真正的孝。

理解父母,谨听教诲

"父母呼,应勿缓;父母命,行勿懒。父母教,须敬听;父母责,须顺承。"《弟子规》中这个应对父母的标准,在今天仍然很受推崇,很多人都按照这个标准反省自己对父母的态度,但也有不少子女对父母的话当耳边风,不屑一顾。其实,父母所积累的人生经验是极其宝贵的,往往是我们在课堂上、书本里学不到的,他们对我们这些经验的传授是不计回报、真心实意的,所以我们应该认真听取,虚心接受,不应随便顶撞,有不同想法可以和父母好好商量,不要不耐烦。

我们要做父母最贴心的聆听者。年纪大的父母有时说话会比较啰嗦,有些事情翻来覆去要说好几遍,我们应该充分理解这种生理现象,而不该表示厌烦、嫌老人麻烦,也不能粗暴地打断老人的话语,更不能对他们的唠叨不理不睬,否则就会令他们伤心。亚米契斯有句名言说,一个人如果使自己的母亲伤心,无论他的地位多么显赫,无论他多么有名,他都是一个卑劣的人。

合理劝谏,善为解忧

人到老年,更容易出现情绪问题,主要的原因是对情感缺失的反应,容易产生一些忧虑或焦虑情绪。作为子女要善于为父母排忧解难,经常与父母交流谈心,体察父母身心的各种变化,耐心委婉地开导他们,和风细雨式地让他们能接受,不要因心急而损其尊严,当然更不要因他们的抗拒而放弃对他们的关照。《弟子规》中说:"亲爱我,孝何难;亲憎我,孝方贤。"越是父母烦闷的时候,越是考验我们对父母敬爱之心的时候。

当然,对父母也不能盲目地顺从,要在遵循正道的基础上孝敬。如果父母做出了违背道德或法律的事,我们要勇于批评和制止。古人的经验告诉我们:家有净子,不败其家;国有净臣,不亡其国。这是为父母好,也是孝的表现。

如果父母对子女有什么误会,或父母确实有做得不好的地方,做子女的应该怡颜柔声地指出来,让父母易于接受,如果父母正在气头上,听不进去,就等他们高兴的时候再说。说的时候要放低声调,斟酌词句,语气委婉,耐心商量,即使父母不对,也要就事论事,不针对父母本人,更不能迁怒于父母。这就是《弟子规》中所说的:"亲有过,谏使更;怡吾色,柔吾声。谏不入,悦复谏;号泣随,挞无怨。"

春秋时期,有个九岁的孩子叫孙元觉,孝顺父母,尊敬长辈。可是他的父亲对祖父却极为不孝，见祖父年老体弱，不能劳动了，就想遗弃他。一天，父亲把祖父装在筐里，要把他扔进深山。

孙元觉见状，非常难过，劝说父亲不要把祖父运走，父亲不理他。孙元觉又跪着哭求，父亲依然不理，推车进山，将老人扔在地上。孙元觉急中生智，想到了一个劝阻父亲的好方法。他将装祖父的筐捡起，要带回家，父亲问："这筐是不祥之物，要它干什么？"孙元觉一本正经地说："我要带回去，到您老了的时候还能用上它。"

父亲一听，大吃一惊，问道："你是我儿子啊，你怎么说出这种话！"孙元觉说："我不敢违抗父亲的教诲，父亲怎样教育儿子，儿子就应怎样做。"父亲顿时悔悟，惭愧不已，他忙把老人从地上抱上车子，再推回家，从此精心奉养，十分孝敬他。

《论语·里仁》中说："事父母几谏。见志不从，又敬不违，劳而无怨。"孔子认为，做孝子，就应当像孙元觉那样，父母有了过错，做子女的就有责任好好规劝，而不能盲目地顺从，任由父母错下去。孟子也曾说："亲之过大而不怨，是愈疏也……愈疏，不孝也。"（《孟子·告子下》）就是说，子女对父母的过失、违背道义的行为不怨、不谏，甚至盲目顺从，就是不孝。

为父母排忧、劝解父母的同时，还要注意不给父母添忧。我们经常有这样的体会，每次打电话问候父母时，父母总是报喜不报忧，哪怕患病了，也会跟孩子说一切都好，放心工作。这就是天下父母心，总希望自己的孩子少些烦恼一切顺利，有任何事都是自己扛着。我们反过来想想，做子女的有多少人能以这份良苦用心对父母呢？有些子女，高兴的时候父母连个人影也见不着，一有烦心事就在父母面前大吐苦水，让父母的心情每天都如坐过山车，不得安宁。懂事的子女往往能够体谅父母的艰辛,独立而不依赖父母,能自己解决的事情就绝不麻烦父母,尽可能不让父母为自己操心。其实,我们在为父母解忧的同时,也是在为自己解忧。孟子说过:"人悦之、好色、富贵,无足以解忧者,惟顺于父母,可以解忧。"(《孟子·万章上》)一个人不孝顺父母,即使有万人追捧、荣华富贵都不能使其内心得到真正的安慰。只有顺于父母,我们内心才会安宁,才有可能心安理得地工作和生活。

自尊自爱,孝在其中

孝养父母,还有一个很重要的方面就是,自尊自爱,管理好自己的身体和德行,不使父母担忧,不令父母蒙羞。这就是《弟子规》中所说的:"身有伤,贻亲忧;德有伤,贻亲羞。"

做子女的,首先应该好好爱护自己的身体。《孝经》中说:"身体发肤,受之父母,不敢毁伤,孝之始也。"意思是说,我们的身体四肢、毛发皮肤是父母给我们的,我们必须珍惜它、爱护它,不让父母担忧,让父母心安,这是行孝的开始。如果我们身体生病或受伤,父母就会焦急万分,这就给父母平添了痛苦。所以,一个懂得孝道的人,首先应该爱惜自己的身体。

孔子说过这样一句话:"一朝之忿,忘其身,以及其亲,非惑与?"意思是说,如果一个人出于一时愤恨,忘记了自己的身体和亲人,这是多么不理智的行为啊。现在有些人,遇上挫折动不动就拿自己生命开玩笑,伤害了自己,也令父母痛心,实在不是合乎孝道之举。

"身有伤,贻亲忧",不保护好身体,会令父母担忧;同时,"德有伤,贻亲羞",做子女的,还要维护好自己的德行,在为人处世、道德思想等方面,都应努力做好,为父母争光,不使父母蒙羞。

孟子认为人有五种不孝："世俗所谓不孝者五：惰其四支，不顾父母之养，一不孝也；博弈好饮酒，不顾父母之养，二不孝也；好货财，私妻子，不顾父母之养，三不孝也；从耳目之欲，以为父母戮，四不孝也；好勇斗狠，以危父母，五不孝也。"（《孟子·离娄》）我们可以看出，这五种不孝，无一不是道德出了问题所造成。四肢懒惰，一不孝；好赌饮酒，二不孝；贪恋钱财，偏袒妻室儿女，三不孝；纵情声色欲望，使父母因此蒙受耻辱，四不孝；好逞勇武，凶狠斗殴，危及父母，五不孝。

如果一个人的德行出了问题，甚至在社会上胡作非为，就会给父母带来耻辱，甚至连累父母承担责任，这就是危害父母的行为，属于大不孝。比如一个人因刑事犯罪而入狱服刑，在丧失为父母尽孝的机会的同时，也给父母带来巨大的痛苦，使父母蒙受耻辱，羞于见人。

过去很多大家族，非常重视家族声誉，如果子女出了令人不齿之事，使家族蒙羞，家族往往会做出严厉的惩戒。比如，有的家族中如果子女做了贪官，就永远不许入祠堂，这样的惩戒，在当时是非常严重的。

反过来说，如果我们"德无伤"，德行做得好，则可以令父母感到自豪、感到开心，这本身就是一种孝行。范仲淹的儿子曾经用船载货物回苏州老家，路上遇到父亲的老同学，生活困顿，由于路途遥远，来不及通报父亲，于是自作主张把货物和船卖了，周济父亲的同学。回来后告知父亲，范仲淹见儿子如此，感到非常欣慰。元代名医朱丹溪，德行高尚，救人无数，在老母亲八十大寿的时候，附近乡亲自发前来拜寿，多达上千人，虽然都是穷苦乡亲，但是这份荣耀，确实是千金难买的，朱丹溪的母亲一定很为自己的儿子骄傲。这在古代就被称作"孝"，这种孝，就与"德"紧密相联。

所以，我们要时时检视自己的思想，亲近仁爱、喜乐、和平、良善，远离暴虐、色情、赌博、毒品,自觉趋利避害。以符合道德、温和礼让的方式对待身边的人,不要无端招惹是非,让自己活出有意义的人生,这样,才对得起父母的养育,才能使父母安心生活,安度晚年。

父母之志,莫要辜负

《孝经》中有句话,概括了什么是最高级别的孝:"立身行道,扬名于后世,以显父母,孝之终也。"这就是说,做子女的要"立身"并成就一番事业。儿女事业上有了成就,父母就会感到高兴,感到光荣,感到自豪,这就是大孝。

西汉的司马迁行孝就是如此。他出身于太史世家,自小跟随父亲司马谈习字读书,父亲在临终时,就用了《孝经》中的这句话来教诲他,叮嘱他继任太史令,承续家族使命,接着编写自己未完成的论著,这样才是大孝。司马迁牢记父亲的嘱托,刻苦研读历史文献,整理父亲留下来的史料和自己早年走遍全国搜集来的资料。正当他全身心地撰写《史记》之时,因事触怒汉武帝,被施以宫刑,他忍受着各种肉体和精神上的残酷折磨,谨记家族的使命和父亲的遗愿,呕心沥血,前后历经十四年之久,终于完成了《史记》的创作。司马迁忍辱写《史记》,最终完成了父亲的遗愿,承继了父亲之志,也为后世留下了"史家之绝唱,无韵之《离骚》"这样一部堪称千古绝唱的历史巨著。

孝养父母,并不仅仅在于保证他们的衣食暖饱,让他们无忧无虑;也不仅仅在于承欢膝下,让他们心情愉悦。孝敬父母,还要善养父母之志,继承父母的志向,将父母的美德发扬光大,不辜负父母的期望。父母对子女的最大期望,先是成人,再是成才,最终成家立业,有所成就。凡是为父母争光的行为,都是孝敬父母的表现。相反,任何让父母脸上无光的行为,都是对父母的不敬。作为有孝心的子女要学会学习,学会工作,学会生活,学会处世,学会做人,努力进取,不抱怨生活,不负父母的愿望,好好传承父母身上的美德、继承父母的志向,将之发扬光大,所谓"扬名声,显父母,光于前,裕于后",这是多么令父母宽慰和骄傲的事啊。

父母之年,不可不知

做子女的要珍惜和父母在一起的时光,尤其是父母年纪大的时候,正是需要我们的时候,也正是我们报答父母养育之恩的时候。每过一年,父母又陪伴我们一年,父母还健在,这是多么高兴的事情;同时,父母的年龄又长了一岁,身体不如从前那么健康了,是不是还能和我们长久地生活下去,想到这里,心里面顿时会感到很恐惧。这种心情,孔子以这样一句话来形容:"父母之年,不可不知也,一则以喜,一则以惧。"(《论语·里仁》)对于父母的年纪,做子女的不可以不知道,一方面要为他们的年高而欣喜,一方面则为他们的衰老而担忧。

大家都知道子路的故事,他年少时候家里很穷,自己吃草籽,却走一百多里的路背米给父母,虽然日子过得很苦,但他心里很高兴。后来他出使楚国,锦衣美食,可他并不快乐,因为父母已经过世,不能和他一起享受了,他想再过回吃草籽的日子却不能了。所以他发出这样的感慨:"二亲之寿,忽如过隙,草木欲长,霜露不使,贤者欲养,二亲不待。"(《说苑·建本》)想到这里,心情是多么的悲哀与无奈。

记住"父母之年",是提醒我们要及时行孝。父母辛辛苦苦养育我们长大,等到我们有能力孝养父母的时候,父母还和我们在一起,这是多么幸福的事情。"树欲静而风不止,子欲养而亲不待",我们不要等父母老了,才想到要孝敬;不要等到父母不在了,才去后悔没能尽孝。有的人在父母生前不好好孝养,却在父母去世后大办丧事,修建豪坟,以博得人们的赞赏,获取孝子的好名声,这完全是一种虚情假意。真正的孝子,会心存对父母的恭敬与感恩之心,为父母的身体健康真心担忧,以自己的孝行呵护父母。

好好地记住父母的年纪,记住父母的生日,在父母生日之际,为父母庆贺祝福吧。即使你在遥远的地方,一个电话,一封书信,一声问候,对父母来说,也会是无比的欣慰。

常问好,讲礼貌,让父母舒心;少空谈,多帮忙,让父母省心;求上进,走正道,让父母放心;勤学习,苦钻研,让父母开心;逢难事,勤商量,让父母称心;遇矛盾,能宽容,让父母顺心。

"哀哀父母,生我劬劳",父母给了我们生命,哺育我们成长。从小到老,我们一直是父母眼里长不大的孩子,但渐渐年迈的父母,又何尝不是我们心灵上的"孩子"?有句话说得好,天下最不能等待的事情莫过于孝敬父母。所谓"大孝终身慕父母",请从现在开始,每天爱我们的父母多一点。

3.尊敬长辈

一个人学会爱自己的父母,还远远不够,"老吾老,以及人之老",要把对父母的爱推及到天下所有老人身上。尊贤敬老历来是中华民族的传统美德,老人、长辈和老师等人,对于晚辈来说,他们是尊者、长者与贤者,都需要我们心怀恭敬,以礼待之。

尊重老人,就是尊重明天的自己。每个人都有自己的少年、青年、中年和老年,昨天的年轻人是今天的老人,今天的年轻人也是明天的老人。有诗曰:"老来难,老来难,少年莫把老人嫌。当初只嫌别人老,如今轮到我头前。"古往今来，每个人都有老的一天。俗话说，"家有一老，好似一宝"，老人为家庭和社会做过贡献，阅历深广，经验丰富，理应得到全社会的尊重。如果老人与我们意见不一致，不要顶撞老人。如果老人不小心做错了事，不能像管教孩子那样训斥老人，任何时候，都给予老人充分的尊重，展现出灿烂的笑容，才会让老人保持愉快的心情。

在尊长和老人面前，要时刻注意自己的言行，不可有对他们不尊敬的言谈举止。需要格外注意的是，老人面前不提"老"。上了年纪的人，常常由于生理机能上的衰老而产生心理上的自卑感，有些人不想承认自己老了，对于"老"字非常排斥，晚辈要善于体贴老人的心理，不能漠视他们的感觉。有的人在长者面前很不注意，常以"老"自称，叫自己"老王""老李"，或者感叹"岁月不饶人"，说自己"老了""不中用了"，这样就显得在场的长者更老，会使长者非常伤感，有失礼节，所以《礼记·曲礼上》中说"恒言不称老"。另外，现在有很多老年人也不喜欢别人说自己老，老人们在心态上最喜欢别人觉得自己依然正当年，所以称呼老人也要慎用"老"字。

《礼记·内则》中说："在父母舅姑之所，不敢哕噫、嚏咳、欠伸、跛倚、睇视，不敢唾洟。"意思是说，在父母和尊长的面前，不能随便打饱嗝、咳嗽、打喷嚏、打哈欠、伸懒腰、吐吐沫、擤鼻涕、歪坐、斜视，那是懒散、不敬的表现。如果要咳嗽、打喷嚏等，应该离开自己的席位到外面去。我们今天也应如此，直接对着老人和尊长做出这些动作都是极不礼貌的。

尊重老人与长辈，还要注意尊重他们的人格尊严、权利选择、兴趣爱好和生活习惯，不干涉长辈的私事。凡事多理解长辈，多与长辈商量，听从长辈的教诲。

要关爱老人与尊长。早上起床后、上学或上班时、外出或回家时，遇到尊长或老师，要主动打招呼和表示问候。《弟子规》中说："路遇长，疾趋揖，长无言，退恭立。骑下马，乘下车，过犹待，百步余。"我们走在路上遇到长辈，这个长辈可能是自己的父母、老师或者其他尊长，我们应该快步走上前跟他鞠躬作揖，以示对尊长的恭敬。如果见到长辈来了还慢吞吞地大摇大摆走上去，就会显得傲慢自大。行礼之后，长辈如果没有话说，我们就要恭恭敬敬地退立在旁边，看看长辈需要做什么，我们能帮助什么，不要在旁边讲话影响长辈。不论骑马还是乘车，遇见长辈都应下马或下车问候。推而广之，假如你正好在忙，长辈来了，应该立刻放下工作，先向长辈问好。长辈离开以后，应该站在原地，目送长辈离开百步之遥，我们才可以离开。

这些见面招呼的礼节，体现的都是对长辈的恭敬之心。今天我们在家里、在学校、在公司、在机关单位，对尊长都要保持这种基本的礼节，也许看上去有些繁琐，但正是这些繁琐的礼节，才能让人和人相处起来和谐舒服，才能培养一个人的耐心、细心、恭敬之心。长期坚持养成习惯之后，自然就拥有了雍容大度的君子之风。

要注意长幼有序。《弟子规》中说："或饮食，或坐走，长者先，幼者后。长呼人，即代叫，人不在，己即到。称尊长，勿呼名，对尊长，勿见能。"无论吃饭喝水，或坐卧行走，都应长辈优先，晚辈在后。无论是骑车出行还是步行，作为年轻晚辈，我们都应该注意不要走在老人、长辈的前面，这样有失尊敬。如果步履缓慢的陌生老人挡住你的去路，应该客气地向老人道歉后，再借路而过。长辈叫人，我们要主动代长辈去叫，要叫的人如果不在，自己立刻到长辈面前帮忙。在尊长面前，我们要谦虚有礼，不可以随便直呼尊长的姓名，也不可以炫耀自己的才能，不要认为长辈不如自己。"长者立，幼勿坐，长者坐，命乃坐。尊长前，声要低，低不闻,却非宜。进必趋,退必迟,问起对,视勿移。"《弟子规》中这些话,可说是我们日常生活中尊师敬长的行为守则,处处提醒晚辈,在与长辈相处时勿忘恭敬。

对年岁较大、行动不便的老人和长辈,我们应给予更多的关心和照顾。比如点菜时,要先问老人口味。逢年过节人们都喜欢在饭店吃顿大餐,可是在点菜时很多人不注意规矩,老人还没说话,自己就抱着菜谱跟服务员招呼上了:"来个辣子鸡!"殊不知这种行为非常没有修养。任何时候都应该让老人先开口,等老人点菜完毕后自己再点菜。在这个过程中还要注意多询问老人是否忌口,"能不能吃辣,能不能吃甜"。点滴做起,给老人更多关爱。吃饭的时候,主动为他们盛饭夹菜;走路的时候,时时加以搀扶,提防他们摔倒;有空时陪他们说说话、聊聊天,给他们解解闷。多听从长辈的正确教导,不任性,多沟通。

《礼记·曲礼》中有很多尊师敬长的行为细则,如扫地,笤帚不能朝着老人扫,"凡为长者粪之礼,必加帚于箕上。以袂拘而退,其尘不及长者。以箕自向而以帚收敛粪于箕。"意思是说,去清扫尊长坐席前面的地方时,要将扫帚盖住畚箕,以免尘污飞扬到尊长身上。清扫时,畚箕要朝向自己,不能朝着老人方向往前扫。边扫边后退,用扫帚将垃圾扫进畚箕。如出行,"从长者而上丘陵,则必向长者所视",跟随尊长上山或者登临高处,视线一定要与尊长一致,以便随时聆听尊长的指教,或者回答他的提问。如求学,"请业则起,请益则起"。意思是说,向师长请教学业,一定要起立,以示尊敬,不能坐着随便发问。如果没听懂,请求师长进一步讲述,也要起立。还有同尊长说话之道:"长者不及,毋儳言,正尔容,听必恭,毋剿说,毋雷同。"意思是说,听尊长说话,凡是尊长还没有提到的话题,不要抢先去谈,那样有炫耀自己比尊长博学之嫌。陪坐时,容貌要端正;听尊长说话时,神色一定要恭敬;不要袭用别人的说法,不要总是说与他人相同的话。

作为晚辈,不管是多么了不起的人物,都要始终明白,在长辈面前,晚辈永远是晚辈,要懂得进退之礼,不可造次。要尽自己本分,尽自己所能去尊敬、关爱老人与长辈。

汉朝丞相张苍,就是一个非常尊敬长辈的人。他年轻的时候,曾经得到朋友王陵的许多恩惠。张苍当官后,就把王陵当作父亲一般侍奉。王陵死后,他的夫人还健在。虽然当时张苍已是丞相,公务很忙,但他每逢休息,总是要先去拜见王夫人,为她送去美食之后,才肯回家。张苍贵为丞相,依然能这样谨慎守礼地亲自照顾长辈,实在难能可贵。

中华民族自古就有尊敬老人的传统。《礼记·王制》记载:"五十异粮,六十宿肉,七十贰膳,八十常珍,九十饮食不违寝,膳饮从于游可也。"意思是说,老人受到家庭和社会的关爱,五十岁以上的人,可以不吃粗粮吃细粮;六十岁以上的人,每餐都保证有肉吃;七十岁以上的人容易饿,所以随时备有零食;八十岁以上的人,可以经常吃到精美的食物;九十岁以上的老人,无论到哪里,都有充足的食品可以取用。《礼记·祭义》还记载:"古之道,五十不为甸徒,颁禽隆诸长者,而弟达乎搜狩矣。"就是说,五十岁以上的老人不必亲往打猎,但在分配猎物时要得到优厚的一份。古代还有一种专门供老人乘坐的车,叫"安车",这种小车行走缓慢,车轮用蒲草包起来,以减少震动。古人七十岁可以授予玉杖。所以"安车""蒲轮""玉杖"等词后来就成了敬老标志。

清朝康熙年间,康熙帝为表示敬老之意,举办了一个空前规模的敬老盛会。康熙帝布告天下耆老,年六十五岁以上者,官民不论,均可赶到京城参加聚宴。当天,满汉耆老多达六千六百余人在畅春园参加了这次敬老盛会,他们欢聚一堂,饮酒作诗,直到黄昏,宴席才散去。这就是历史上著名的"千叟宴",清朝共举办过四次千叟宴,以这次千叟宴规模最大。

敬老之礼在我国一向都很受重视,最直接的表现形式就是重阳节,日期是每年农历九月初九。中国习俗以九为阳数,所以称为重阳。重阳节自古就有登高、饮菊花酒、配挂茱萸等习俗。如今的重阳节,被赋予新的含义。由于"九九"与"久久"同音,包含有生命长久、健康长寿的寓意。1989年,我国政府便把传统与现代巧妙地结合,将每年农历九月初九定为"老人节""敬老节"。这一天,不少单位组织离退休老人秋游赏景,社会也会推出各项活动,一些家庭的晚辈也会陪长辈外出活动,或为老人准备一桌可口的饭菜等,敬老已成为重阳节的重要主题。

4.善待邻里

俗话说,"邻里好,赛金宝"。邻里关系可以说是空间上最近的一种关系了。"孟母三迁"的故事,说明邻居对我们的影响有多大。《南史·吕僧珍列传》还记载了这样一件趣事:有个叫宋季雅的人买了一栋房子,位于著名学者吕僧珍住宅的旁边,房价十分昂贵,共一千一百万钱。有人对宋季雅说,这房价太高了。而他却高兴地说:"不贵不贵,因为我希望和吕僧珍作邻居,所以一百万买房,一千万是买邻的。"

如今我们不可能想跟谁成为邻居都可以,能选择地理上的环境,却无法选择人文上的环境。在邻里关系的处理上,我们应该积极主动,与邻居共同努力,营造出一个"我为人人,人人为我"的邻里氛围。

尊重,这是处好邻里关系最起码的一条。邻居的职业有不同,年龄有长幼,地位有高低,文化有深浅,不能"看人下菜单",应该一律以平等的态度去对待。早晚相见，要热情地打招呼，唠起家常，要推心置腹。对待邻家的孩子，说话也要和气，如果他们做错了什么，不能随意呵斥，以免引起大人之间的不愉快。邻里之间的尊重要出自内心，不能当面一套，背后一套。特别要注意的是，不在邻居之间搬弄是非，说闲话，不在背后乱议论，不打听邻居的私事，以免引起不必要的纠纷，影响邻里团结。

邻里相处要有宽容心，俗话说"让一让，三尺巷"，我们应以和为贵，对邻居的缺点或不当之处应加以宽容和谦让，切不可"得理不饶人，无理搅三分"。汉代有个叫罗威的人，邻居家的牛犊几次吃他家的庄稼，他告诉邻居后，邻居没有理睬。罗威并没有火冒三丈，而是想，问题的焦点在牛，就从牛身上去寻找办法吧。于是，每天天不亮，他就起床去打青草，然后悄无声息地堆放在邻居家的牛圈前。牛一闻到鲜嫩的青草，就大嚼特嚼起来，吃饱了就睡觉，再也不去吃庄稼了。邻居每天起来，总看到牛圈前有一堆青草，颇感纳闷，经观察，知道是罗威所为，顿觉愧疚，从此对牛严加看管。像罗威这样包容邻居，邻里关系怎么会不和睦呢？

邻里间还要互相体谅，互相着想。人们的兴趣爱好不一样，生活习惯也不尽相同，比如，邻居中起来早的可能会惊动起来晚的，睡得晚的也可能会影响睡得早的，要通情达理，尊重邻居的习俗和特殊习惯。只要能处处为别人考虑，体谅别人的困难，就会少给别人添麻烦，也不会因别人给自己带来一点干扰而不满。居家做事前先想想邻居，比如，当你白天准备放开音量收看电视或听音乐时，应先想想邻居有无上夜班的在家休息；当你在高楼阳台为花浇水时，应先看看楼下是否有人，有没有晾晒衣被；当你的孩子与邻居小孩吵架时，就应先看看别人的孩子有否受伤，并主动带孩子去邻居家问个究竟、道个歉……这不就避免了一些不必要的矛盾和纠纷吗？楼内的公共用地，尽量少占用、多打扫，不要人家放个罐，你就觉得吃了亏，非得放个缸不可；也不要你扫了一次，觉得不合算，要求人家也得扫一次。俗话说，人敬我一尺，我敬人一丈。你体谅别人多少，就会收获多少别人对你的体谅，斤斤计较的后果，只会造成邻里关系的紧张。

邻里之间更需要相互关心。邻里在生活中互相接触机会很多，相处时间也较长，少则几年，多则十几年，甚至几十年，应该建立起深厚的友谊和感情。邻居家有了困难，应当积极地无私地予以帮助，比如发现邻居家漏水漏电或有其他安全隐患，及时提醒或帮助解决。邻居家有了病人，应当尽力地、热情地给予照顾。长辈要关怀爱护邻居家的孩子，孩子们更应当尊敬邻居家的长辈，如见面礼貌称呼、帮提重物、搀扶上楼等。只有这样，邻里之情才能胜过"远亲"，甚至"亲如一家"。

三、将人心，比己心——接人待物之礼

1. 谨言慎语

言为心声，人和人之间主要是通过语言来互相了解和沟通的，话说得好，可以拉近人与人的距离，达成很多目标；话说得不好，就会造成人与人的误会，产生诸多矛盾与争斗。所以君子要知言，《论语》的结束语就是关于说话的："不知礼，无以立也；不知言，无以知人也。"你不学会说话，就无法了解别人，也无法与人交往，沟通交流、接人待物，都离不开说话，即使是打哑语、写纸条，也属于无声的语言交流方式，所以说话的礼仪不可不学。说话，这件事的重要性丝毫不亚于一个人的仪表举止，如果说仪表是我们立身处世的首张通行证，那么说话就是第二张通行证。

说话是一门艺术，自古以来，关于这门艺术有太多的学问，我们择其善者从之，略学一二。

《弟子规》中总结了不少说话之道："凡出言，信为先，诈与妄，奚可焉。话说多，不如少，惟其是，勿佞巧。奸巧语，秽污词，市井气，切戒之。"开口说话，诚信为先，欺骗的话或花言巧语都不要说。不要乱说话，是什么就说什么，不能妄加判断，对于自己不知道的最好不说。低俗的话、脏话都不要说。

"见未真，勿轻言，知未的，勿经传。事非宜，勿轻诺，苟轻诺，进退错。"眼见为真，没有见到的事情不要随意说，不确定的事更不要随意乱传播；对不合理的要求，不要轻易答应，如果轻易答应，就会使自己进退两难。

在说话方式上也有讲究，"凡道字，重且舒，勿急疾，勿模糊。彼说长，此说短，不关己，莫闲管。"在说话的时候吐字要清楚，要有重点，并且条理流畅，还要注意自己的语音、语调、语速，不要太急躁，也不要模糊不清。张家长、李家短的是是非非，与自己无关的，不要乱参与。俗话说，静坐常思己之过，闲时莫议他人非。背后揭人短处、诋毁他人，是一种极不道德的行为，不可避免地会破坏团结，制造事端。

《弟子规》中短短几句话，概括出了一个人的基本说话之道，从中我们可以看出，符合礼的言谈话语有两个基本点：一是诚言，二是慎言。《礼记·曲礼上》说："礼不妄悦人，不辞费。"说的也正是这两层含义。

诚言，说话要讲诚信。所谓"修辞立其诚，所以居业也"（《周易·乾·文言》）。直言、坦言也罢，谨言、不言也好，并无统一的法则，但有一条是不变的，那就是以诚为本。所谓"诚于中，形于外"（《大学》），只有内心真诚，言谈举止等外在表现才能自然得体。

《论语·乡党》中记载了孔子在各种不同场合下的说话方式，无一不是"修辞立其诚"的典型写照。例如："孔子于乡党，恂恂如也，似不能言者。"这段话记载孔子回到故乡，在乡亲父老面前憨厚、踏实，似乎说不出话的样子。试想一下，孔子最高做过鲁国的司法部长，也算高官了，这种身份的人在今天回乡，怎么也要警车开路，礼炮齐鸣，人生最得意的时候，就要回乡尽欢，项羽有句名言说："富贵不归故乡，如衣锦夜行，谁知之者！"（《史记·项羽本纪》）我荣华富贵当然要在家乡父老面前显摆啦，不然谁知道我成功了啊。可是孔子的表现正相反，低到尘埃里去，因为他的内心从容淡定，不需要喋喋不休地证明自己，展示自己，在最熟悉最亲切的乡党面前，表现出的还是自己最率真朴实的内心，胜于千言万语，这正是"诚于中，形于外"的最佳说明。

《论语》全文中有很多说话之道，多次强调说话要求真务实，言而有信。如"与朋友交，言而有信"（《论语·学而》），"言必信，行必果"（《论语·子路》），"言忠信，行笃敬"（《论语·卫灵公》），"君子九思，言思忠"（《论语·季氏》），"君子欲讷于言，而敏于行"（《论语·里仁》）。俗话说满瓶不响，半瓶咣当，正是这个道理。人生时光有限，花在讲闲话上的时间多了，做正事的时间自然就少了，况且言多必失，反而害事。"巧言令色，鲜矣仁"（《论语·学而》），越是巧舌如簧，眉飞色舞，离"仁"的境界就越远。所以孔子说"予欲无言"，他不想说话了，他认为老天啥也没说，但四季更替，万物生息，啥也没耽误。这大概就是"贵人语迟"的道理吧。

慎言：口为祸福之门，说话要慎重，要经过考虑。"仁者，其言也讱"（《论语·颜渊》），孔子认为，真正有仁德的人，它的言谈一定是慎重的，行为一定是认真的，一言一行都符合礼。孔子多次强调"敏于事而慎于言"（《论语·学而》）。即使是对朋友，也不能太随意，规劝也要有度，"忠告而善道之，不可则止，毋自辱焉"（《论语·颜渊》），朋友有不对的地方，要尽心地劝告和开导，如果不听，也就算了，不要自取其辱。

说话贵在谨慎。说出的话如同泼出的水，所谓"一言既出，驷马难追"，说话要视具体情况，当说则说，当默则默。所以子贡认为，"君子一言以为知，一言以为不知，言不可不慎也"（《论语·子张》）。

说话谨慎还表现在，言行一致，不轻易给别人承诺。"古者言之不出，耻躬之不逮也"（《论语·里仁》），"君子耻其言，而过其行""其言之不怍，则为之也难"（《论语·宪问》），"居其位，无其言，君子耻之；有其言，无其行，君子耻之"（《礼记·杂记》）。君子不随便答应做不到的事，言过其行、言过其实都会引以为耻。"言之不怍"，表示轻许诺。轻许诺的原因，是做不做无所谓，当然不会好好做了。在现今社会中，说一套、做一套，说得天花乱坠、做得一塌糊涂的人大有人在。孔子曾称赞闵子骞说："夫人不言，言必有中。"（《论语·先进》）他不说则已，一说就能说到事情的关键上。这正是我们需要学习和历练的。为人处事，特别是重大场合中一些关键问题的讨论，千万不要乱说，要想好了再说，要说就"言必有中"，就像射箭打靶一样，一箭射去就正中红心，说到点子上。

慎言并不是要求我们少言或不言，而是说话要视具体情况，当说则说，当默则默。孔子说，"可与言而不与之言，失人；不可与言而与之言，失言。知者不失人，亦不失言"（《论语·卫灵公》），说的就是这个道理。当说不说，就会失去他人的信任；不可说时又乱说，就很冒失，聪明的人既能取信于人又不失言。

慎言还表现在，说话要看"颜色"。就是要根据说话的对象、时机、场合具体而定，做到灵活掌握，恰到好处。对此，孔子给出了独到的见解：

"侍于君子有三愆:言未及之而言谓之躁,言及之而不言谓之隐,未见颜色而言谓之瞽。"(《论语·季氏》)孔子将说话的三种过失形容得非常贴切,第一种是抢话:没轮到你说话你却争着说,这是急躁;第二种是瞒话:该你说话了你却故意不说,或者吞吞吐吐、遮遮掩掩,不跟人家说心里话,让人很不舒服,这是有意隐瞒;第三种是瞎话:不看对方脸色只顾自己说自己的,这完全就是"睁眼瞎"啊。孔子认为这三种说话方式都是病,都得治。这并不是孔子教人说话要多么圆滑世故,而是君子推己及人的精神体现。

了解了基本的说话之道,再掌握一些必要的说话技巧和交谈礼仪,我们在与人交往的过程中就可以少走些弯路。

学会"听话"。人的内心深处,都有一种对被重视和被理解的渴望。当别人讲话时,我们一定要注意"听话"的礼貌,要专心致志地"洗耳恭听",不能漫不经心,更不能随意打断别人的话题。我们向别人说话时,一定希望别人能认真倾听我们所说的话,同样,别人对我们说话时,我们也要留心静听,以表示接受和尊重别人的意见。同时还要注意,不可随便插言,打断别人说话。平日要时时保持这种礼貌,比如开会时,别人发言,我们要留心听着,如果有意见要发表,要等别人说完后再发言,这既是对别人的尊重,也是对会场秩序的尊重。

说话要注意语气,要轻而和气,不慌不忙。相传晋朝王献之就是这样一个人,任何时候说话总是和颜悦色的。有一天夜里,他正睡着觉,一个窃贼偷偷进了他的房间,王献之惊醒了,知道窃贼已偷了不少东西,他轻轻地说:"那一条毛毯,是我家的旧东西,请你不要带去吧。"窃贼听了他的话,急忙逃走了。我们在任何场合下,说话都不要慌张,要保持处乱不惊,气定神闲。

说话要注意目光与视线。交谈时，眼睛应注视对方，语调平缓，不能强词夺理，摆出一副盛气凌人的架势。还要注意，目光要照顾到在场的每一个人，不冷落任何人。《仪礼·士相见礼》中专门讲到跟尊者说话时的目光问题，今天仍然很符合交谈时的心理特点。"凡与大人言，始视面，中视抱，卒视面，毋改。众皆若是。若父，则游目，毋上于面，毋下于带。若不言，立则视足，坐则视膝。"与尊者说话，开始时要注视尊者的面部；听到中间，视线要下移到尊者的胸部；最后仍将视线移到尊者的面部，不再变化；这是专心听讲的必然表现。如果目光游移不定，东张西望，就显得漫不经心。如果彼此不说话，则站着的时候视线要落在对方的足部，坐着的时候视线要落在对方的膝部。

说话态度要诚恳亲切，表达要大方得体。说话时精力要集中，不要东张西望或兼做其他事情，也不要做一些小动作，如抠弄耳鼻指甲、搔痒挠头、抖动腿脚等，这样做不仅失礼，也显得猥琐。谈话中打哈欠、伸懒腰也是很不礼貌的行为。说话要文明，不说脏话、粗话、伤人的话。当与别人意见不一致时，不要出言不逊，强词夺理。不要直说"你不懂"这样的话，容易让人心生不快。

跟不同身份的人说话要注意不同的礼节。跟长辈说话，声音不能太大，否则有吼长辈之嫌，让长辈心里不舒服。正如《弟子规》中说："尊长前，声要低。"当然，《弟子规》里还说："低不闻，却非宜。"说话声音像蚊子嗡嗡，让长辈听着费劲，就是你的不对了。万事有度，说话音量也得合理掌控。对晚辈说话则要注意平易近人。男女之间谈话要注意文雅，对不熟悉的异性不可乱开玩笑。

说话要看场合。要学会审时度势，什么场合讲什么话，什么人面前说什么话，都要做到心中有数。要随时考虑你说的话是否与谈话对象和所在的环境相符合。正式场合宜说些正式话题,不适合讨论些家长里短、声色犬马之类的话题,守丧时不能谈娱乐之事。这就是《礼记·曲礼下》中所说的"在官言官,在府言府,在库言库,在朝言朝,朝言不及犬马""居丧不言乐,祭事不言凶"。交谈时还要看对象,要因人而异。"见失意人,不说得意语;见老年人,不说衰丧话。"(李炳南《常礼举要》)不和失恋的人大谈你与爱人的甜蜜感情,不在老年人面前唉声叹气,说些丧气话。说话一定要顾及人之常情,把握人的基本心理,顾及对方的心情与感受,不作谈话的"瞽者"。比如虽然你满腹经纶,可是你谈话的对象也许因为文化程度不高的原因并不喜欢你那些学问,这时你就要把所学的东西用通俗的语言表达出来,让别人更容易理解。一些进入农村基层工作的大学生们,讲话过于文绉绉,甚至"文"到对方听不懂,与农民无法沟通,正是因为语言不通俗。有谦虚的态度,也有渊博的知识,可是却不会有效地运用,那可真是大大的浪费了。

交谈礼仪不可少。与人交谈过程中,一定要时时留意自己的说话细节。表情与姿态,动作与行为,态度与情绪,这些无声的语言,尤其要注意。尊重对方、有礼貌的同时,还要把握好尺度。过于疏远,使人感情淡薄,不利于沟通交流;过于亲近,难免会产生矛盾和摩擦。

《礼记·少仪》之中,对于语言交谈的礼节,乃至谈话的艺术,都有着很具体的指导。如,"不窥密,不旁狎,不道旧故,不戏色"。意思是,与人交谈时,不窥视人家的隐私,不与人逗闹或过于亲热,不揭别人的短处,不要有嬉笑、侮慢的神态。这一礼仪对今天的我们尤其重要。现在有些人喜欢无事生非,专爱打听别人隐私,未经同意就擅自翻阅他人邮件、日记;有的人把别人的伤心往事当做笑料,四处宣扬,丝毫不顾及别人的感受;有的人喜欢瞎起哄,参加集体活动时不是喝倒彩,就是制造噪音;还有的人举止轻浮,言谈粗俗……一个人要想得到别人的尊重,就先要懂得尊重别人,一个盛气凌人、随意插话、口不择言的人是不会被人喜欢、被人尊重的。

"言语之美,穆穆皇皇"(《礼记·少仪》),说话贵在恭敬而温和。古语说得好:人敬人,无价宝;人抬人,万丈高。希望我们每个人在与他人交往时,都能掌握说话艺术,做说话让人爱听的人。

2.迎客待客

"有朋自远方来,不亦乐乎。"中华民族是礼仪之邦,热情好客素来是中华儿女的优秀传统。对来客,不管是提前约好的,还是不速之客,我们都要热情欢迎,以礼相待。待客作为一种日常礼节,不仅是对客人与朋友的尊重,也体现了自己的修养。

古人十分重视人际交往的互动,有来访就一定有回访,迎来送往,是表现好客的一种礼节。从迎接宾朋好友的到来,直到送他们离去,其间始终处在一种热情好客的气氛之中。每逢有宾朋好友来访,主人必先迎于门外,向客人施礼,互致问候后,再进入门内,这是古人常用的见面礼。领客人进家,到内寝的门前时,主人要请客人先留步,自己进去为客人设席,然后出门请客人入内。此时,客人要再三谦辞,表示不敢当此大礼,主人再次恭恭敬敬地请客人入门。这就是《礼记·曲礼上》所说的:"凡与客入者,每门让于客。客至于寝门,则主人请入为席,然后出迎客,客固辞,主人肃客而入。"

行礼也有讲究:"大夫士相见,虽贵贱不敌,主人敬客则先拜客,客敬主人则先拜主人。"主客第一次相见,即使有年龄、尊卑的差别,一定是主人先向客人行礼,感谢客人能屈尊前来。如果不是第一次相见,就要看双方谁为尊,客尊则主人先行拜礼,主尊则客人先行拜礼。

进门之后,主人前引客人登台阶,进到堂屋中去叙谈。在登台阶时,古代又有"拾级聚足"的礼节。《礼记·曲礼上》中说:"主人与客让登,主人先登,拾级聚足,连步以上。"即主人前足先登上一级,后足再与之并齐。而后再登上一级,再并足。这样登台阶的目的,是照顾客人,使他能跟上主人,而不使客人感到冷落与紧张。

送客时,如果对方是晚辈,那么主人站在门内道别就可以了。如果对方是尊长,那么主人则至少应该送出门。如果客人是乘车离开的,则主人应该等到车开动之后再返回。送别的路程越长,说明彼此的情谊越深。大家都知道《三国演义》里刘备送徐庶的故事,送了一程又一程,最后,彼此道别,刘备依然伫立目送,不料徐庶的身影被一片树林挡住了,刘备竟下令把树林砍了,真可谓将古人的送客礼仪发挥到了极致。

古人对于迎来送往的礼仪非常重视,有条件的家庭必让孩子从小学习。魏晋时期的大臣裴秀,出身于名门望族"河东裴氏"。他所绘制的《禹贡地域图》,开创了中国古代地图绘制学的先河。裴秀自小就有君子的风度和良好的品德。家中每次请客人吃饭,母亲总是让他端饭送菜,招待客人。一次,裴秀又来招待客人。客人问他父亲:"怎么让小公子端饭送菜啊?"他父亲说:"端饭送菜不是谁都有机会做的,这里面有很多学问,我想让他借这个机会学学礼仪。"裴秀也很珍惜这种机会,在接待过程中,总是注意自己的每一个细节是否符合礼仪,有时候还找机会和客人交谈,说话的速度也根据需要有快有慢。客人们见他这么虚心,又这么懂礼貌,都很喜欢他。经过长期的锻炼,裴秀的谈吐非常优雅,他的名声也传开了。

今天,我们的待客礼仪传承了古代待客之礼的那份热情与周到,"持家不可不俭,待客不可不丰"仍是我们的待客传统,并在此基础上赋予了一些新的时代的特征。如今常用的待客礼节仍然包括迎客、接待(敬茶、宴请)、送客等基本环节。

提前做好准备,打扫门庭,收拾房间,备好茶具并洗干净,也可准备糖果和饮料,临近约定时间,要提前出门迎接,注意着装得体,举止端庄。见面要先致敬,互道寒暄,注意称呼得当,带客人进门前要快走上前为客人开门,每门都要请客人先行。

进门后主动接过客人衣帽,请客人落座。落座时主人与客人都要注意"坐必安,执尔颜"(《礼记·曲礼上》),即坐姿要稳,容颜要正,以表示郑重。客人与长辈入座后,晚辈要帮父母招待,端上饮品或点心,主动陪客人小朋友玩,不打扰长辈的谈话。可以挨着长辈坐下,位置不能挡住长辈的视线。与客人谈话要有礼貌,不抢话,不插话,不盯着人看,不用手指人。

敬茶果时,注意"先长后幼、先生后熟"的次序。主人为客人沏茶倒水之前,尽管茶杯已经事先洗过,此时都要当着客人的面重新冲洗,以表示洁净,让客人放心饮用,同时也是表示对客人的尊敬。沏茶时,应该按照先客后主的顺序进行,这也是尊重客人的表现。倒开水时,茶杯的盖子应该仰置,否则,盖子会将桌子上的灰尘带到茶水里去。要双手敬茶,随之说请,切忌用手指捏着杯口递送,既不卫生,也不礼貌。

还要注意,如果家中有狗,主人不可以当着客人的面呵斥狗,"尊客之前不叱狗"(《礼记·曲礼上》),以免让客人觉得尴尬,有主人厌烦于他,希望他离去之嫌。

晚辈如有自己的同学朋友来家,要先将客人介绍给家中的长辈,不要招呼长辈前来待客。如果长辈以饮食热情接待,客人致谢,自己也要致谢。如果长辈有事要忙,则向客人说明,带客人到不妨碍长辈的房间去招待。

客人告辞,要婉言相留。挽留要适度,避免过于客套和虚情假意。客人要走,应等客人起身后,再站起来,以免给人留下迫不及待送客的印象。起身后帮客人取外套,为客人开门。要向客人真诚地说"欢迎再来"。

送客通常要送到大门外或楼道口,当客人走远后才关门,关门要轻,如果客人刚出门,就听到背后"砰"的一声关上门,会让客人感到主人巴不得自己早点离开,自己是不受欢迎的,这样一来,待客时的千般热情都在这匆忙无情的关门声中失去意义。远方客,要送至村外或路口。如果是老人或幼童,可以搀扶着送下楼或送上车,目送他们走远。

我们常说"客随主便",其实招待客人时,我们应该做到"主随客变",应尽力做体贴的主人,迎合客人的习惯和要求,照顾客人的感受,让客人舒服开心。

3.拜访做客

走亲访友是我们日常交往中经常要做的一件事情。接待客人要讲究礼仪,同样,我们出门拜访别人,到别人家里做客,更需要处处讲究礼节,不给主人添麻烦,做善解人意的拜会者。

要说起古代做客不给主人添麻烦的典范,当属唐初的清官皇甫无逸了。他曾担任益州大都督府长史,为人非常自律严谨,对下属管理十分严格,经常到各地去巡视部属。有一次,他到一个地方去巡查,夜深了,周围没有客栈,无奈之下,只得借宿在一户百姓家中。皇甫无逸向主人道谢之后,就静静地在房间里处理公务,他对待政务很小心谨慎,每次向朝廷送奏表，都要反复推敲多次，甚至要读几十遍，有时使者已出发，还要追回再行修改。夜深人静，他专注地琢磨着奏章，不知不觉间，油灯灭了，原来是灯芯燃尽了。这可怎么办呢？在别人家留宿已经很麻烦人家了，夜深了，主人早已熟睡，怎么好再叫醒他给他添麻烦呢？如果私自去翻找灯芯，更不合做客之礼。他不忍心也不愿意惊动主人，可是公务又没有处理完，于是他抽出佩刀，割断自己的衣带，拧成了灯芯用。皇甫无逸如此谦恭有礼，宁可自烧衣带，也不给主人添麻烦，真是令人叹服。

今天我们去别人家拜访做客，也要注意这方面的礼节，处处留意，呈现最好的自己，不提过多要求，为主人多考虑一点。

古礼要求，到朋友家拜访，作为客人应遵守礼节，不能太随意。将要登堂时，要故意提高说话的声音，以便让室内的人知道，将要有人进来。如果房门外放着两双鞋，就要听听屋内是否有说话声，有则进，没有就不方便进去。这就是《礼记·曲礼上》中所说的"将适舍，求毋固。将上堂，声必扬。户外有二屦，言闻则入，言不闻则不入"。同时，还要注意"将入户，视必下"，即在进入堂屋时，眼睛应往下看。因为主人家虽知道客人到来，恐怕还有未及收拾的东西。这样做，可以避免给主人造成难堪和尴尬。

这个礼节是非常有必要的，除了做客，还适用于很多环境下。比如我们回家探望父母，虽然提前打过电话，但到父母家时如果家里的门没有关好，我们就不要悄悄地进门，而应该提高声音打个招呼让父母知道我们回来了，以免让父母没有思想准备而吓一跳。

孟子有一次就因为这个礼节没有做好，而受到孟母的教育。有一天，孟子的妻子独自在家，伸开两腿自在地坐着，孟子进屋看见妻子这个样子，生气地对母亲说："我的妻子不讲礼节，请允许我休了她。"孟母问:"为什么?"孟子说:"她一个妇人,竟然伸开两腿箕踞坐着。"孟母又问:"你怎么知道的?"孟子说:"我亲眼看见的。"孟母说:"这就是你不懂得礼节了,不是你妻子没礼貌。《礼记》中不是说了吗?将要进大门的时候,必须提前问问谁在屋中;将要进入厅堂的时候,也必须提高自己的声音以便让屋内的人知道;将要进屋的时候,眼睛必须往下看。这些都是为了让人有所防备。现在你不声不响地进入妻子闲居休息的地方,看到了她两腿伸开坐着的样子,这是你没礼貌,并非是你妻子没礼貌!"孟子听了母亲的训诫,很是自责,再也不提休妻的事情了。

拜访前,最好与主人约好时间,尽量避开主人的用餐和休息时间。约好时间后,必准时赴约,到达的时间应该比约定的时间稍稍提前,不可去得太早或太迟,太早会扰乱主人的时间安排,太迟会让主人焦急等待,都是失礼的表现。如遇特殊情况不能按时赴约,要及时与主人打招呼,另行约定拜访时间。

做客时要注意着装朴素大方,尽可能带些小礼品,以表示对主人的尊重。到门外时要轻轻敲门或按门铃,主人开门后,要先互致问候,不可开门即进,要等主人让入方入。

到同学或同事家做客,应礼貌地称呼其家中的老人和长辈,如称其父母为"伯伯""伯母""叔叔""阿姨"等。对其他亲属,可随同学或同事的称呼而称呼。

入座时,要待长辈入座后,按主人安排入座。入座前要从容直立,不可东张西望,入座后要注意坐相,不可东倒西歪。主人端茶送糖时,客人要起身道谢,并双手迎接,如果安坐不动,则有役使主人之感。饮食要等年长者和其他客人先取之后再取用,果皮果核不要随地乱吐乱扔,可轻轻地以纸巾掩口,放在专用的器具或垃圾筒中。这一礼节古已有之,《礼记·曲礼上》就提到："赐果于君前,其有核者怀其核。"在尊者面前吃受赏赐的水果,果核不可随地乱丢,要先揣在身上出门后再处理,以示对尊者赏赐之物的珍重。

交谈时,要专心、大方,不忸怩羞怯,不高声大叫,也不喧宾夺主。如有长辈在座,应该用心倾听长者的谈话,不可随便插话。不经主人允许,不可随意翻动主人家里的东西,主人室内的信件文书,不能随意取看。不携一切动物上门。

去别人家拜访做客,还要懂得什么时候该起身告辞。遇到有些情况,应当早早告辞离开。如主人家中另有他客到访;主人欠伸,或看钟表,主人面带倦意,减少倒水次数或减少说话等。《礼记·曲礼上》中就有这一礼节:"侍坐于君子,君子欠伸,撰杖屦,视日蚤莫,侍坐者请出矣。"意思是说,晚辈陪长者谈话,如果长者不断打哈欠,找自己的手杖和鞋,或者看时间的早晚,说明长者已经疲倦,或者有其他事情需要处理。长者的这些举动,可能是在委婉地提示客人,此时就应该尽早结束谈话,主动告辞。后世也有这样的现象,主人不想再与来客谈下去,但又不能下逐客令,以免有失体统,于是便叫仆人端茶,知趣的客人就会知道,这是送客的信号,于是赶紧告辞。现在我们去别人家做客也是如此,要学会在恰当的时候主动告辞。

告辞前要向主人致谢。有些人应邀做客或主动上门享受完大餐之后,一句礼节性的"谢谢"都不说就抬腿走人,这也许是天生不拘小节,把主人不当外人才不讲客套话,但主人心里多少会感到失落。试想,如果我们是主人,招待客人之后,也一定希望听到客人的感谢。所以,我们做客后不一定非要当时赠送主人礼物,但真诚的道谢是必不可少的。主人送出门口时,客人迈出一步要转回身再致谢。如果主人站在门口,客人要走出几步后或在转弯处，回过身来告别，并向主人说"请回""请留步""再见"等话语。

4.聚餐会友

中国有句老话叫"民以食为天"，吃饭可是天大的事情，两个人一见面，最常问的一句话就是：吃了吗？任何事情都可以与吃有关，喻人受欢迎叫"吃香"，说人无用叫"吃闲饭的"，问人干哪一行的叫"吃什么饭的"，男人女人通称"人口"，谋生叫"糊口"，中国人几乎什么都能吃，"吃醋""吃豆腐""吃皇粮""吃枪药"……吃的重要性可见一斑。

就连"礼"，据说也是从"吃"中诞生的。《礼记·礼运》中说："夫礼之初，始诸饮食。"数千年来的饮食文化，自然形成了许多饮食方面的礼数。不按礼数好好吃饭，轻则被人讥笑为"饭桶"，重则让你"吃不了兜着走"，还有可能"吃官司"呢。

古代就有一个人因为疏忽了饮食之礼，差点送命。春秋时期的一个晚上，宋国军队主帅华元正在犒劳三军，准备迎战郑国军队。空气中弥漫着诱人的羊肉香味，士兵们兴高采烈地捧着羊肉大啃特啃，只有华元的马车夫羊斟在一边什么也没吃到。原来华元军务繁忙，忘了交代分给羊斟一份了。羊斟见其他人吃得满面红光，不禁气不打一处来，就此对华元怀恨在心。

不多久，宋军与郑军决战。就在两军激战正酣的时候，羊斟忽然一甩鞭子，驾着马车风驰电掣般向郑军营地驶去。车上的华元大惊，对羊斟喊道："你晕头了吗？那边是敌营啊！"这时羊斟回头说了一句流传至今的"名言"："畴昔之羊，子为政；今日之事，我为政。"当初分羊肉，你说了算；如今去哪儿，我说了算！这就是成语"各自为政"的由来。

羊斟驾着战车径直到了郑军大本营,郑军一哄而上把华元捆了个结实。可怜华元堂堂宋军主帅,就这样轻易地被郑军活捉了,宋军失掉了主帅,惨遭失败。华元分羹不均,致使羊斟因一碗羊羹以私败国,他用实际行动说明了什么叫"民以食为天"。看来这饮食礼仪还真不可不注意。所以,无论是在家中用餐还是外出聚餐,人人都要懂得些基本的饮食之礼。

用餐常用礼仪

就餐前,入座有顺序,上座必让长者。这一礼节可谓是东西南北古今通用,不管是在家里还是在饭店等场合,都应等长者、尊者依次入座后,晚辈们再按指定位置入座,不可争抢。大人还未入座时,孩子们不要先入座。若有老人行动不便,应主动搀扶他们入座。古代主宾之间就特别重视这一礼节,得再三客套才能坐定。《礼记·曲礼上》说:"客若降等,执食兴辞。主人兴,辞于客,然后客坐。"用餐之前,主宾要互相谦让之后才入座,任何一方不经谦让就坐下是失礼的行为。如果主人安排客人坐在尊处就食,客人要起身辞谢,说不敢当,希望换坐于下处,然后主人起身阻拦,请客人回尊处安坐。此时,客人才能在尊处坐下。

古代就座时的这番谦让,今天仍然十分有必要。比如我们外出参加宴会,无论是什么规格,都会涉及座次,通常都是按礼仪惯例来排列的。懂得这些礼仪的人,一眼就能看出谁是主人,谁是贵宾,谁是普通客人。如果你是普通客人,却不经过一番谦让,随意找个居中位置坐下了,甚至坐在主人位置上,那么别人轻则觉得你不懂规矩、冒失莽撞,重则认为你是心存不满、故意挑衅,日后你再怎么努力弥补都很难挽回了。所以,不论在哪里就餐,我们都要事先了解座次排法,依礼而坐。

入座后,坐姿要端正,不横肱,不伸足,不跷脚晃身,不随意变换座位。如果有客人共同就餐,饭桌坐不开了,应主动让座,请客人坐到上座,自己则坐在另外的桌子上,切不可争饭桌,有失礼节。《礼记·曲礼上》关于入席时的礼节要求是:"主人不问,客不先举。将即席,容毋怍,两手抠衣,去齐尺,衣毋拨,足毋蹶。"意思是说,主人不发话,客人不先说话,客人将就席的时候,表情要端庄,双手提一下衣服,下摆适当离地,不要让衣服摆来摆去,脚步也要轻缓。还需要注意的一点是:"当食不叹",就餐时要保持自己的情绪、表情与整体气氛一致,不要随意唉声叹气,如果你是主人,叹气就有不欢迎客人之嫌;如果你是客人,叹气就会让主人觉得招待得不好。

使用餐具讲究多。筷子和勺子是我们中国人最主要、最常用的餐具。筷子,是我国饮食文化的重要象征,筷子的使用有着非常多的传统习俗与禁忌,我们应该有所了解。简单来说,要注意用筷姿势,不可将食指向外伸出。饭前不可用筷子敲打碗碟,用餐时,不可将筷子竖插碗中,不可用带有饭粒或菜叶的筷子夹菜,夹菜之前,不要举着筷子在菜碗之间游移,应该选好吃哪样菜再举筷,不要用筷子指人。夹菜时,只取向自己一方的,不可起身去夹离自己很远的菜,不可向碗盘顶心夹取,不可在盘中乱搅一通挑着吃("拨草寻蛇"),不可站起来伸向盘子对面处夹取("飞象过河")。不要把筷子当叉子用,也不要当牙签用,在嘴里掏来掏去。放筷子时,应摆放整齐,不要交叉成十字摆放。

再说说勺子。使用勺子时,尽量不要发出叮当的响声,勺子要从外向里舀。不要举得太高,不要舀得太满,不要把汤水洒在自己杯盘的外面。舀出来的汤,切忌不要再倒回碗里或盆里。用筷子和勺子用餐时,都不要整个塞入口中,筷子夹菜送到牙齿边,勺子仅沾唇边,既合卫生,又很文明。

开始用餐时,"吃相"要优雅。要注意,每个细小的用餐动作都是代表你修养的分数。用餐时,要待主人或长辈开始用餐时再动筷,不可抢在前面,如果是主人亲自烹调,须向主人致谢后再开动。不要让自己的动作太大,不可越过他人夹菜,夹菜时所取菜肴要适量,一次不要入口太多食物,给人以一副馋相和贪婪的印象。如果饭菜是主人亲自做的,客人要赞美主人的饭菜可口。即使是饭菜做得过咸、过淡,或者不合自己的口味,也应该尝一些,这是对主人劳动的尊重,而不应该当主人的面说出来,那样会使主人难堪。

《礼记·曲礼上》有一段经典的用餐礼仪,有很多我们今天仍在使用:"毋抟饭,毋放饭,毋流歠(chuò),毋吒食,毋啮骨,毋反鱼肉,毋投与狗骨,毋固获,毋扬饭。饭黍毋以箸。毋嚃(tà)羹,毋絮羹,毋刺齿,毋歠醢(hǎi)。"意思是说,不要抓一大把饭抟成个大饭团子来吃,这是自私的表现;已经抓取的饭食不要再放回去,你手上有汗有味道,放回去别人怎么吃呢?喝汤时要慢慢地一勺一勺地喝,不要喝得满嘴流汤;吃饭时不要吧唧嘴;吃带骨的肉食,不要像动物一样啃出声音来;咬过的鱼跟肉不要再放回公器中;不要吃了骨头扔在地上给狗吃,那样有贱看主人食物之嫌;一桌了菜,不要因为某一个菜好吃,就专门只吃这个菜,这是贪心的表现;饭如果很烫,要从容的等会儿吃,不要又扇又扬的,显得好几天没吃饭了;要正确地使用餐具;不要不嚼羹汤里的菜或肉就呼噜呼噜喝下去了,会显得吃相很贪婪;不要自己往羹里加盐和调料,这样有嫌主人的汤味道不好之嫌;吃完以后不要拿东西当众剔牙,让人恶心;酱要蘸着吃,不要喝,否则会使主人觉得调的酱太淡没有味道。

用餐动作要文明,尽量少说话,说话时要轻柔,要避免唾沫溅入公器中。在吃饭时大谈大笑，容易使食物误入气管或鼻腔内，特别是鱼刺、碎骨之类的，一旦误入气管就很危险，所以孔子说"食不语，寝不言"（《论语·乡党》）。当然，不说话也不现实，可以少说，轻说，注意着说。今天有些场合用餐，如果只顾埋头专心吃饭，一句话也不说，不与在座的人有任何交流，也是不礼貌的。用餐时发出声音是非常不受欢迎的事情，比如喝汤时呼噜呼噜的声音，吃菜时吧唧吧唧的声音等，都要避免，以免给人留下粗俗的印象。如果要咳嗽或打喷嚏，要以手掩嘴，转身向后。用餐时，要注意细嚼慢咽、闭口嚼食，这样既显得文雅，又利于食物消化。

用餐过程中，不要玩手机。如果一直低头玩游戏，会给人一种无视他人的感觉。没有特殊事情，尽量少接、打电话，如果确实有急事，可以跟在座的人说声"对不起""不好意思""请稍等"，类似这样的致歉语。

在吃饭过程中，尽量自己添饭，并主动给在座的老人、长辈添饭、夹菜。不在饭桌上对人剔牙齿，不在吃饭时打打闹闹或边吃边玩。还要注意，"共食不饱，共饭不泽手"（《礼记·曲礼上》），这是说，如果全桌的主食盛在同一个食器中，要看看是否够吃，自己不要吃得太多，以免别人吃不饱。如果是从同一个食器中取食品，不要用沾水的手或出汗的手去取用，以免弄脏食品，影响别人食用。

用餐完后，要轻轻放下碗筷，如果自己先吃完，要与同桌之人打个招呼，说声"请慢慢吃"，再离开座位。不能一推饭碗，二话不说就离桌而去。《礼记·曲礼上》也有这一礼节："卒食，客自前跪，彻饭齐以授相者。主人兴，辞于客，然后客坐。"食毕，客人应该主动将剩余的饭菜撤除，交给旁边的侍者。此时，主人要起身阻拦，请客人安坐，然后客人才坐下。

做主人的，要照应客人用餐，客人食未毕，主人不能先起身离开。宴会结束时，要等老人先走，晚辈才可以走。这就是孔子所说的，"乡人饮酒,杖者出,斯出矣。"(《论语·乡党》)这一礼节与入席可谓首尾呼应,都以长者、尊者为先。

用餐结束时,主人要逊言慢待,客人要起身道谢。如果是在家中用餐,待大家都用餐完毕,晚辈应主动收拾餐具,洗刷碗筷,擦净桌面地面,不可扬长而去,或坐在一边任由长辈忙碌,自己无动于衷,这是不礼貌、不懂事的表现。

饮酒常用礼仪

俗话说"无酒不成席",酒文化也是我国饮食文化的一个重要组成部分,有些饮酒方面的古礼,因为不合时宜,如今的酒宴上已经不用了,但有一些饮酒礼仪的重点,不管时代怎么变迁,都不会变化,这就是敬人谦己的酒之礼。

自古以来,饮酒最重要的礼节是要有节制。《说苑·修文》中说:"凡人之有患祸者,生于淫泆暴慢。淫泆暴慢之本,生于饮酒。故古者慎其饮酒之礼。使耳听雅音,目视正仪,足行正容,心谕正道。故终日饮酒而无过失。"意思是说,一个人的祸患来自于淫乱暴虐,这些都是因为饮酒,因此古人很注重饮酒之礼,时时谨慎,使自己的眼耳口足都符合礼节,才能终日饮酒而不犯错。古人饮酒,提倡有节有度,十分讲究酒态,"君子饮酒,三杯为度",饮第一杯,表情要严肃恭敬,饮第二杯,要显得温文尔雅,饮第三杯,要神情自然,知道进退。酒过三巡,仍无节制,就叫失态。各人酒量不同,因此不必限量,但有一个原则,就是不能喝醉,也就是说不能喝到"乱"的程度。现代人虽然并非要做到酒饮三杯而止,但也不能一醉方休,不加节制。因为通过饮酒,可以看出一个人的自制力,从而反映出一个人素质高低。别人劝你喝酒,劝多少喝多少,就显得没有原则,缺乏自制力，别人就很难信赖你。所以不能把饮酒作为目的，而应当作为调节气氛、增进感情交流的一种手段。

酒宴通常都有一个主题，轮到自己敬酒的时候，要先站起来，右手端起酒杯，也可以用右手拿起酒杯后，再以左手托扶杯底，这样显得优雅，然后要面带微笑，目视敬酒的人，说几句简短友好的祝酒辞，但时间不宜过长，以免让同桌之人干等。一定不要说一些叫对方下不来台的话，这样很不礼貌。劝酒要适度，切莫强求，否则会使对方很为难。

别人倒酒或敬酒时，我们要马上站起来，略微低一下头，表示敬意，切不可一边举杯，一边夹菜，别人快敬到自己时，就应停箸提前做好准备。不可用手捂酒杯或倒扣酒杯，或用手乱挡住酒瓶，不要因为自己不想喝了，就耍小聪明，偷偷倒掉已经倒好的酒，这都是很不礼貌的行为。即使不饮酒，也应允许对方象征性地为自己倒酒，喝酒的时候要看对方喝多少，尽量做到和敬酒的人喝得差不多，如果不能喝，应礼貌地说明，并象征性地轻抿酒杯。主人或其他宾客敬酒致词时，要专注地聆听，注意坐姿端正，不可与旁人交头接耳。

轮到自己倒酒或敬酒时，要面面俱到，对于每一个在座的人要一视同仁，绝对不可有挑有拣，只为个别人斟酒，自己的杯子少倒酒，或者干脆故意不倒酒，这样很容易引起别人反感。敬酒时要按照一定的次序，通常是先给长者尊者敬酒，不可越过身边的人敬酒，这等于告诉对方，你对我并不重要，这是很不尊重人的行为。与人碰杯时，要让自己的酒杯举起的高度低于对方的杯沿，以示敬重和谦虚。如果对方距离较远，可以用酒杯底部轻碰桌面的方式表示碰杯。

喝酒要讲究规矩。晚辈在陪长辈喝酒时，如果长辈递酒给晚辈，晚辈要站起来向长辈行拜礼后再接过酒，长辈对晚辈这一礼节表示谦虚和推辞,而后晚辈回到席上饮酒。如果长辈没有把杯中酒喝完,晚辈不能先喝。这就是《礼记·曲礼上》讲到的饮酒礼节:"侍饮于长者,酒进则起,拜饮于尊所。长者辞,少者反席而饮;长者举未爵,少者不敢饮。"晚辈在长辈面前饮酒,不能面对面地干杯,而要微微侧转身体,表示不敢当,然后再饮酒。今天这一礼节,在我国已经基本不用了,在朝鲜族居住的一些地区、韩国等地,年轻人和长辈在一起喝酒,要首先敬长辈或前辈,长辈和前辈先喝,后辈则端起酒杯,转过身侧过脸去喝,以表示对长辈和前辈的尊敬,大概就是这一礼节的遗风吧。

未成年人禁止饮酒。现在逢年过节,有些大人喜欢用筷子蘸几滴酒喂给孩子,这种早期错误引导会使孩子逐渐染上酒瘾,损害身体。酒精会麻痹神经,小孩子的生理机能还未发育完全,过早接触酒精饮品会损害身体的发育。因此,自古以来,未成年人都是被禁止饮酒的。

在酒桌上要始终保持文明礼貌的姿态,言语、动作不可放肆,不要大声喧哗,要避免与人争吵、强行灌酒等行为,不仅有失身份,还会给人留下粗鲁的印象。

四、敬称人,谦称己——往来寒暄之礼

1.见面招呼

人与人见面相识,第一件事,就是互相打招呼。"招呼"打得成功与否,关乎我们在别人眼中的第一印象,也直接关系着此后的交往,不容小觑。

自古以来,见面之礼就不是简单随意的事。士与士的相见,从约定见面,到登门拜访,再到回访,整个过程都有着十分复杂的礼仪,这些礼仪大多记录在《仪礼》的"士相见礼"一篇中。

简单说来，见面前先要约见，不约而贸然闯入对方家中是极失礼的表现，而且必须有介绍人，即通过一个人从中代为沟通传达，这个人就叫"将命者"。求见一方得到主人一方的同意之后，要带着"挚"，即见面礼亲自上门拜访。见面礼不能乱送，要送一种象征君子品格的野鸡，这就是士相见礼中所说的"不以挚，不敢见"。主人再三辞谢之后收下礼物，互相行礼，互道寒暄，如此客气一番后辞别。第二天，要进行回访，"来而不往非礼也"，这是尊重对方的表现。回访时，要把之前收到的礼物真诚地奉还对方，以示谦虚。收到礼物与奉还礼物，都是出于内心的恭敬，郑重的交往之礼、浓浓的人际之情，尽显于这一来一往之中。相见之礼处处传达着自谦而敬人的郑重态度，来往之间无不散发着古朴而文雅的君子风范。

今天，见面打招呼比古代程序简化了很多，不变的仍然是其中的谦恭之礼。

打招呼要大方得体。打招呼是礼貌和友好的表示，小小一个招呼，可能只需要几秒钟，却能体现出一个人的性格、修养和交际能力，所以不容忽视。打招呼时要注意态度热情大方、亲切主动，给人以优雅从容的印象，拉近与对方之间的距离。要得体适度，符合身份，适可而止，不卑不亢，既不显得冰冷淡漠，又不显得虚假客套。打招呼不是聊天，时间不宜过长。打招呼时，应注视对方的眼睛，目光亲切，面带微笑，声音饱满，音量适度，手势自然，最好不要把手插在衣袋里，可以举手致意或挥手道别。双方见面时，通行礼仪是男性先向女性打招呼，晚辈先向长辈打招呼，下级先向上级打招呼，熟人相见，谁先看到对方，谁先开口，不用过于拘泥。

打招呼要分对象。不同的人要用不同的招呼方式。对同事叫名字或姓加职务即可,态度要尊重,用语要正式。对尊者,如果正在开车,要下车问候,如果正在做事,要放下手头的事情,起身问好。晚辈对长辈打招呼要谦恭有礼,可以相应的辈分称呼,如"伯伯""阿姨"之类。关系密切的人之间打招呼,用语可以轻松随意些。此外,我们还应根据对方的性格特点来选择打招呼的方式和用语。

打招呼要分场合。在下面这些场合,应当主动打招呼。进入新环境,与人初次见面时;路上、车上、商场、公园、餐厅等公共场所遇到熟人时;在公司遇到领导、部门同事时;在家中接待进门的客人时;参加聚会、做客离开或中途退场等等场合。在公共场合打招呼,表情和语调不要夸张,引人侧目。在一些安静的场所,不要大喊大叫影响他人,微笑着点点头、挥挥手即可。有些特殊场合,打招呼就要三思而行。比如两人在厕所相遇,尤其是领导和下属在厕所相遇,简单的一个表示,点点头表明看到对方即可。在葬礼上遇到熟人,也不必言语,点头或以目光示意即可。其他特殊情况,如对方正伤心或难堪时,要暂行回避,以免对方尴尬。一定要说话谨慎、态度自然、合乎情理,避免使对方觉得奇怪或无聊,甚至怀疑你有不良动机。

日常招呼用语

我国传统的招呼用语可谓五花八门,最熟悉的莫过于那句连外国人都明白的"你吃了吗",其他用语还有:"你干什么去?""你要上哪去?""你在哪儿发财?""最近忙吗?""最近好吗?"……很多招呼语虽然一直在使用,但基本上已经没有了原来的意思,只是一种问候形式了。比如"你吃了吗",就是表示"我看见你了,跟你打招呼呢",并不是真的问你吃没吃饭。当你与人擦身而过,为了表示看见对方,挥下手说句"你干什么去",往往是脱口而出,并不是真的发问。所以,当对方对我们用这些招呼语的时候,不必真的回答,有些人会当真,顺着对方的招呼很认真地回答:"我还没吃呢,今天一直忙到现在,最近乱事真多……"这也是不合礼节的,会让对方不知所措,无言以对。

说这些招呼用语的时候要注意时间段,要随时间变化而变换招呼用语,早上说"早上好","早啊","今天天气……",中午说"上午很忙吧","吃过了吗",晚上说"晚上好","下班了"等等,"您好"则是随时可以使用的招呼语。

传统礼与握手礼

见面招呼除了说话,肢体动作也是标配之一。动作也有礼仪规范,不能乱来。先来看看古人有哪些寒暄动作。当然,"三叩九拜""顶礼膜拜"是古人在特定场合时所行之礼,不属于日常生活当中的常规礼,咱们就不在这里研究了。古人日常生活中,主要行礼动作一个是揖手礼,即身体直立,两臂合拢向前伸直,右手微曲,左手附其上,两臂自额头下移至胸,同时上身鞠躬,这一礼节主要用于比自己地位高的人。二是拱手礼,跟揖手礼基本相同,只是身子和胳膊不用动,通常用于同级之间。三是答礼,即颔首致意,也就是点点头,主要用于对下级。

相传,有一次欧阳修去参加科举考试,入座后,发现身后有个穿红衣服的人看着他的文章频频点头,刚开始,他以为是考场中的监考官吏,当他再回头看时,却不见了。这次考试,他的文章得到考官的赏识,一举成名。后来,欧阳修把此事告诉朋友,大家都说身后的红衣人是文曲星下凡,他点头,表示认可你的文章。所以说"文章自古无凭据,惟愿朱衣一点头",后世就以"朱衣点头"作为中选或得到赏识的代称。

点头礼可谓是古今中外都通用的礼节，简单实用，微微一点头，有着对人友好、拉近彼此距离的作用。

传统招呼礼今天人们在生活中已经基本不用了，只在影视剧中、一些中式场合和重大传统节日时还可以见到，人们一边互相拱手作揖，一边说着"恭喜、恭喜""久仰、久仰"，充满了浓浓的中华特色和人情味儿。

现在，人们更普遍使用的是握手礼。握手看起来很简单，也有很多讲究。握得好，可以让人"握手言欢"，握得不好，可能交情就此两拆了。握手方式一定要得体，通行礼节是以右手与对方"平等式"相握，还有友善式握手、控制式握手等方式。

握手时要把握住分寸，注意热情真挚，恰到好处。握手时的位置，用力的轻重、时间的长短等方面都要注意。握手也有先后次序，要知道谁该先伸手，何时该先伸手。通常是尊者先伸手，比如长者与幼者握，长者先伸手，老师与学生握，老师先伸手。另外，男士与女士握，女士先伸手，这是为了尊重女性。

要注意有些时候不宜握手。如手部有伤、手不干净或双手抱持物品时，双方正在繁忙中，如接电话、吃饭、喝水时，在厕所、操作间等不便握手的场所，双方距离较远可对方无意与自己交流时。另外，握手要注意禁忌：不要用左手握手，不要用双手与异性握手，不要戴着手套、墨镜等与人握手。

双方是热情还是冷淡，是谦恭还是傲慢，是自信还是自卑，是真心还是敷衍，在这轻轻一握的瞬间都可以感受到。

其他见面礼节

除了通行礼节,不同国家和地区还有各自的见面礼俗。比如亲吻礼。这是源于西方古代的一种常见礼仪,在欧美许多国家甚为流行。美国人尤其爱行此礼,法国人不仅男女之间,男子之间也行此礼。比利时人的亲吻相对来说比较热烈,而且往往反复多次。在许多国家的迎宾场合,宾主往往以握手、拥抱、左右吻面或贴面的连续性动作,来表示尊重或敬意。要注意的是,亲吻有风险,一定要慎重。要注意点到为止,不宜表现得过于热烈,过于投入,象征性地接触一下即可。

拥抱也是通过身体接触给予对方的尊敬和亲热。拥抱可以理解为缩短了距离的握手,双方在一搂一抱的同时,也会感受到彼此精神上的短距离接触。男士与女士礼节性拥抱时,要注意不可抱得过紧,时间也不可过长,更不可强行贴面亲吻,这是不合礼节的。

鞠躬礼。也叫躬身礼,行礼时,上身弯腰前倾向对方躬身。这一礼节主要应用于东南亚各国,欧美及非洲国家较少采用。我国古代就有鞠躬礼存在,只是多用于表达敬谢或道歉。国外则主要用于见面或告别之际。鞠躬礼在日本最为盛行,是日本民众的标准礼节,通常地位较低的人要先鞠躬,并且鞠躬要相对深一些,受礼方要还礼。

合什礼。这一礼节起源于佛教,所以在东南亚、南亚等一些普遍信奉佛教的国家里十分流行,在欧美等地则很少见。向人行合什礼时,要郑重其事,神态要庄严而凝重,不宜嬉皮笑脸,挤眉弄眼,注意敬意有别,日常施礼时双手不宜高过自己的额头,只有礼佛时,才将合什的双手举得很高。

与人见面行礼时,一定要注意对方的民族习俗,有些国家和地区的人,见面不喜欢拥抱,印度人男女之间连握手礼也不行,日本和东南亚许多国家不喜欢用拥抱来表达感情。

打招呼的禁忌

忌用食指指人,这是最不礼貌的行为,会让对方觉得你自高自大,不把人放在眼里,也有威胁和蔑视对方之嫌,应坚决杜绝这种行为。

不要随意拍人肩膀。很多人喜欢用这个动作,但这是不值得提倡的。随意拍异性的肩膀是骚扰或暗示,易生闲话;随意拍陌生人肩膀是试探或进攻,别人会对你产生防范心理;随意拍领导的肩膀则是冒犯领导,别人也会心生猜疑。关系未到一定程度或场合不适合,就不要随便拍别人的肩膀。

切忌动作不雅,手势过多。如教师讲课时不停挠头抓耳,名人受访时不停摆手、摸脸等,这些小动作使人显得不自信、不端庄,会让别人对你产生消极看法。

不要在对方有意回避你的情况下打招呼。

打招呼时不要戴着帽子或墨镜,也不要叼着烟卷或以手插兜,显得很无礼。

不要不理睬向你打招呼的人,更别对偶遇的熟人无动于衷。

打招呼时不要面无表情,语调生硬或无力,一言不发和喋喋不休都是不得体的举动。

2.敬称谦称

与人说话,要从称谓开始。称谓表示对方与自己的亲属关系、辈分关系、事业关系等。称谓一定要得当,不能叫错。传统称谓对于今天的人来说复杂而深邃,需要很长时间的学习和积累,我们先来了解一些今天仍然通用的主要传统称谓用语。

中国是礼仪之邦,这一点在称谓上表现得最为突出,即:敬称人,谦称己。人们在对话时喜欢"尊人而卑己",用谦称来称呼自己以及与自己相关的,用敬称来称呼对方以及与对方有关的,以表现自己的谦逊和对对方的恭敬。比如,称呼对方的孩子为"令郎、令爱",而对人称呼自己的孩子则是"犬子、小女",把自己儿子叫作"犬子",这大概是最谦虚的谦词了吧。当然,谦称是一种谦卑的说法,并没有糟践自己和家人的意思。"犬子"并非真把自己的孩子当成犬,而是谦称自己的孩子如同犬子一样不堪教育。

谦称己

在人前称呼自己时要谦虚。今天自称"我"就是"我",古时的"我"却有很多,"余、吾、予、朕、台、卬"都是"我",但是对长辈或平辈说话时,不能用这些第一人称来称呼自己,而要使用谦称。例如:

用"不聪明""不贤能"的自称以示谦虚,如"鄙人、敝人、小人、愚兄、愚弟"等。

以辈分高低来谦称自己,如"老粗、老朽、老脸、老身、小弟、小侄"等。

用地位卑下来谦称自己,如"臣、妾、奴、仆、在下、小可"等。清朝官员只有满人才可自称奴才,一些汉人"想做奴才而不可得"。司马迁在他的《报任安书》中自称"仆""牛马走",仆就是奴仆的意思,日本人至今还用"仆"作为对自己的谦称。"牛马走",意思是像牛马一样供驱使奔走的人。

用自己的身份加职务来称呼自己,有时还前缀谦词"卑、小、贫"等,如读书人或文人自谦用"弟子、学生、小生、晚生、不才、不肖"等,官吏自谦用"下官、小官、卑吏、卑职"等,和尚自谦用"贫僧"等。

今天也是如此,我们称呼自己时不可以用先生、小姐,也不可以用职务或其他头衔。"您好!我是王先生","我是李小姐","我是赵局长","我是张董事长"……这样的称呼会显得自己自大、无知,缺乏文化修养。正确称呼自己的方法是,面对长辈或亲朋好友时,可以用自己的名字或小名自称。向不熟悉的人进行自我介绍时,要用全名自称,也可以用姓自称,如"我姓李"。介绍自己职务或身份时,当然已不能像"贫僧、卑职"那样称呼自己为"贫科""卑局",可以说"我叫某某,是某公司的负责人",这样既大方又不失身份。

谦称己还表现在,在人前说到和自己有关的人物、事情或物品时,也要使用谦虚的说法。

称呼自己的亲友:称自己的父亲为家父、家严或家君;称自己的母亲为家母或家慈;称自己的兄和姐为家兄、家姐;称自己的弟与妹为舍弟、舍妹;称自己的妻子为内人、内子、贱内、拙荆、山荆;称自己的丈夫为外子;称自己的儿子为犬子、豚子、犬儿、贱息、小子;称自己的女儿为小女;称自己的朋友为敝友等。

称呼自己的物品或与自己相关的事物时多用小、拙、敝、鄙等谦词。如,谦称自己的家为寒舍;谦称自己的店铺为小店;谦称自己的文字或书画为拙笔;谦称自己的文章为拙著、拙作;谦称自己的见解为拙见、鄙见;谦称自己的姓为敝姓;谦称自己所在的学校为敝校;官吏称自己所供职为待罪;请他人吃饭要说"略具菲酌""粗茶淡饭";称自己给别人的东西则用菲、芹、寸、薄等谦词,如"菲仪""薄酒一杯""聊表寸心""聊表芹献"等,谦虚地说自己的东西微薄、不值钱;希望对方收到礼物,则要说恳请笑纳、敬请哂纳等,意思是让对方见笑了。

敬称人

敬称往往含有恭维的意思,是用美好的辞令向对方表示敬意。例如"夫人",本义是专指古代诸侯的配偶,后来称呼一般人的配偶也为夫人,就是为了表示尊敬。

称呼别人要用敬称。今天我们称呼对方,只有"你"和"您"二字,在古代,"你"可以是"汝、尔、若、而、乃"等,但是与谦称同理,对长辈和平辈说话时,是不可以直接用这些词的,用敬称才合乎礼节。例如:

以"德行佳、人品好"尊称对方,如"圣、子、夫子、先生"等。

以辈分高低来称呼对方,如"父老、父、丈人、母亲、媪、老伯"等。

称对方的身份和职务时加上"尊、贤、高、仁"等字眼,如"尊父、尊翁、贤侄、贤婿"等。

用对方的部下来代称对方,以表示尊敬对方,不敢直接称呼,如"陛下、殿下、阁下、足下"等。

称对方的字、号等。古人有名、字和号,在成年以后,名只供长辈和自己称呼,自称其名表示谦逊,是谦词,而字和号才是让社会之人称呼的。因为名是父母所取,不称名是为了表达对父母的尊敬。即使是在超级愤怒的时候,也不会对人"直呼其名"。比如三国时的马超,出身将门,修养极好,他给刘备上书时说"臣门宗二百馀口,为孟德所诛略尽……"(《三国志》),曹操杀了他家二百多口,提到他时还称他为孟德,这就是有礼教的表现,是骨子里的一种君子修养。

直呼其名、指名道姓,表达不尊敬甚至蔑视对方的意思,即使在今天也是要避讳的。在单位,相信没有谁敢对上司"指名道姓",就算对同事,叫全名也不如叫名字或昵称显得亲切。在家中,谁也不能对父母师长直接叫名字,有时候父母对孩子也是如此。曾经有网友发起过一个小调查:"小时候父母要揍我们的前奏是什么？"有网友回答:"叫我们全名。"这个神回答一下子引起大家的共鸣,想想还真是如此呢。

称呼别人要用敬称,说到与对方有关的行为、人物、事情或物品,也要使用敬词。

称呼对方的亲友:称对方的父亲为令尊,母亲为令堂,妻子为令正、尊夫人,儿子为令郎,女儿为令爱。称人父子为乔梓,称人兄弟为昆玉,称对方的学生为高足。

称呼与对方相关的事物、物品或行为时多用"尊、贵"等敬词。如,敬称别人的姓、名和字为贵姓、大名、尊讳、尊字等;敬称别人年龄为贵庚、尊庚、春秋、芳龄、高寿等;敬称别人的来信为大函、惠示、大教;敬称别人的诗文为华章、瑶章;敬称别人的住处为尊府、潭府、尊寓、华居等;敬称别人的身体为玉体、龙体等;敬称别人的亲属去世为驾鹤、仙逝、仙游等。

这样的谦词和敬词不胜枚举,无不体现着我们中华民族谦和待人的美德。但一定要注意的是,敬称和谦称不能混用,否则就与礼相悖了。例如,不能对外人称自己的父亲为令尊大人,不能对别人称自己的妻子为夫人,也不能出现"你家母""我令尊"这样的称呼,别人谦称自己儿子说"犬子如何如何",你不能顺着说"你家犬子……"诸如此类,既贻笑大方,又易引发矛盾。

如今,我们学习传统敬称谦称,并不是为了单纯地依样使用这些词汇,更重要的是领会其中的精神内涵,懂得"敬称人、谦称己"的意义所在。尽管社会习惯发生诸多改变,但社会交往中对人对己的称谓依旧是人们需要好好斟酌的事情,称呼是否得体,往往决定着他人对你的第一印象如何。

正式场合中对人称呼要恰当。在正式场合,可以按对方的职务以姓相称,如"王教授""张主任"等。不要随便用自创的绰号称呼同事,即使关系很近也不宜用,有失庄重。在对称呼有特定习惯的单位,应按照惯例称呼别人,比如在一些外企中彼此直呼其名。

在非正式场合,也不可以随意称呼别人。比如,对女服务员称"小姐",就会被视为侮辱和调戏,今天"小姐""同志"这些称谓由于一些众所周知的原因,也不能随便用了。称呼别人前,应先了解当地习惯,考虑自己与对方的关系。在公共场合称呼陌生人,应根据对方的年龄和性别进行称呼。

和任何人说话都要使用适当的称呼,无论熟人与陌生人,不用称呼都是不礼貌的。如果不使用称呼,只是用眼神、动作来告诉别人你是在叫他,有涵养的人会认为你是不好意思而不和你计较,自尊心或虚荣心强的人则会认为你轻视他而明里暗里地责怪你。想向陌生人求助,你突兀地靠近直接说话,对方会被吓一跳,接着为你的莽撞而不悦,从而不愿意提供帮助。从前有一个士兵骑马赶路,行至黄昏,发现前不着村后不着店,正在着急时,突然看见一位老汉,便在马上高声喊道:"喂!喂!这里离客店有多远?"老人回答:"五里!"年轻人策马飞奔,一口气跑了十多里,还是不见人烟,他认为老人欺骗了他,自言自语道:"五里五里,什么五里。"突然,他恍然大悟,原来老人是说他无礼。于是,他掉转马头,找到那位老人,下马亲切地叫了声:"老人家……"老人没等他说完就告诉他:"客店已走过头,如不嫌弃,可到我家一住。"称呼之重要性可见一斑。

称呼没有几个字,不费时也不费力,但不能不费点心思,因它包含了一个人对另一个人身份的肯定和最起码的尊重,所以称呼之礼,不可忽视。

3.往来书信

相对于聚餐会友、迎来送往方面的礼节,书信之礼可谓是不见面的礼节,在日常生活中,人们由于种种原因不能见面,只能将各种情感诉诸笔墨,托诸邮驿。因为不见面,古时又没有电话手机网络等通讯方式,书信文字就成为唯一的沟通表达手段,是人们生活中最为普通的一种沟通方式。咱们先来看看,古人如何写信。

古人凡事讲究"自谦而敬人"的原则,书信之礼自然也不例外。从抬头到结尾,无不体现出一种温文尔雅、彬彬有礼的君子风范,揖让进退之态都在字里行间游走,甚至比见面更显得别有情趣,从而渐渐形成了独特的富于中华魅力的书信文化。

我国的书信文化经过历代的传承和发展,渐渐形成了大家广泛认同的书信格式,简单来说,一封通常意义上的书信,至少要包含以下内容:称谓语、提称语、思慕语、正文、祝愿语、署名。小小书信礼节多,写给不同的人,这些内容也要区别使用,弄错了不仅贻笑大方,还会失礼于人。传统书仪可谓相当复杂,咱们略了解一二。

敬称与谦称:这是中国书信文化最基本的常识,是书信中必须使用的,它的使用原则正如同见面时的称谓,仍然是"敬称人,谦称己"。古人认为书信中如果使用你、我、他这样的字眼,显得非常简慢而没文化。

提称语:在称呼之后,缀上相对应的词语来表达敬意。例如称父母的"膝下、膝前",称师长的"函丈、坛席",称平辈的"足下、台鉴",称晚辈的"如晤、如面",称女性的"慧鉴、芳鉴"等,都是常用提称语。给父母写信,"膝下"一词用得最多,据说源自《孝经》中"故亲生之膝下,以养父母日严"一句,是说人幼年时,时时依于父母膝旁,后来转为对父母的尊称。

思慕语:写书信除了说事之外,还要沟通情感,所以在提称语之后不能直接进入正文,要用简练的文句表达自己的思念或仰慕之情。有的从天气情况说起,比如"仲春渐暄,离心抱恨""朔风突起,寓中安否"等,还有的从思念切入,比如"别后月余,殊深驰系""自违芳仪,荏苒数月"等。

正文:这部分要注意书写格式,首行要顶格,在提及父母长辈时,书写方式有一定变化,以示尊敬。通常格式有"平抬""挪抬"等。

祝愿语和署名:两人见面即将分别之时,要互道珍重,这一礼节表现在书信中,就是祝愿语和署名启禀词。比如用于父母的"恭请福安、叩请金安"等,用于师长的"敬请教安、敬颂诲安"等,用于平辈的"即问近安、敬祝春祺"等。祝愿词中,禔、祉、祺等都是福的同义词,绥是平安的意思。明白这些就可以视需要选择、搭配使用,但要注意对方的身份,有些祝愿词是不能乱用的。

信封用语:信封的书写,也有很多讲究,书写收信人的称谓,也一定要用尊称,之后使用"俯启""赐启"等谦辞用语,表示谦虚地请求对方开启信封,千万不要用"敬启""拜读"这样的敬辞用语。

今天我们的书信用语中,还保留着许多传统书信的用语,比如在信封上,寄件人名字后面写的"缄"字。最初的信札是写在树片、竹简上的,为了防止别人偷看,就用木板覆盖在上面,然后用绳子捆好打结,这就是"缄"。所以今天信封上写的"某某缄",即是意指信已封好。

今天常用的"请柬""信笺""信札"等词,都来自古代对书信的别称,比如简、牍、柬、素、笺、函、札、八行书等,指的都是信。鸿雁传书、双鱼寄情、尺素表心等美丽的词语都和书信有关。

在今天这个网络、电话、传真神速的时代,人们似乎很少提笔写信。其实我们生活中还是有很多地方需要写信,一封情真意切的家书会给家人无比的温暖;一封诚挚恳切的道歉信能让朋友冰释前嫌;一封措辞严谨的求职信则能让你找到一份好工作。网上购物时,有些卖家随物品附上一纸亲笔信,面对这样的诚意,作为买家的"亲"又怎么好意思不给好评呢。不管是写给什么样的人,一封亲自动手书写的信件,总能让收信人体会到别样的感动,产生一种"见字如见面"的亲切感。即使是用电脑写电子邮件,与传统书信的结构、敬语、称呼等也是一样的,也不可随意乱写。书信如此重要,书仪当然不应被忽略,能够掌握些书信的礼仪,熟练使用书信的格式、用语,写出来的信自然显得高雅、生动,给人一种美的享受。

现代书信礼仪需要注意这样几点:

不用红笔、铅笔和圆珠笔写信。红笔写信通常表示绝交,铅笔、圆珠笔写信显得不庄重,有不尊重对方之嫌。

字迹工整、书写规范。这是写信最基本的要求。除了彼此约定,正式场合写信最好不用草书书写,像大夫写病历一样,写成的"天书"大概没几人能看懂。整齐规范的钢笔字,会为你的书信增色不少。

篇幅简洁、行文流畅。信的篇幅不宜过短或过长。如果一页纸好像电报一样,只有两三句话,看上去就有应付敷衍之嫌。过长也不适合,所谓"笺牒简要,顾答审详"(《千字文》),写信内容要重点突出,不要开篇好几页,正事还没说。另外,写信不是写诗,分行分段不宜过多,字数不宜过少，整页信应看上去和谐悦目。

写信要分清类别，不同的收信方宜用不同的书仪。书信大体上可分为私人和事务两种。私人书信对象包括家人、亲友、恋人、师生、同事、同学等，内容多为日常交往。语言可以口语化，不拘一格，畅所欲言。事务信件包括邀请信、慰问信、求职信、介绍信等，其对象是公司、企业、团体、机关等，主要用于谈公事、谈业务、表示礼仪等。通常要求措辞严谨而明确，逻辑性强，行文简洁，多使用书面语且形式严格。一般要求篇幅短小，语言规范。另外，如果收信人是国外华裔或港台同胞，用语要注意符合当地汉语书信的表达习惯。

现代书信也有固定的书写格式。通常包括开头、正文、结尾、落款、日期五个部分。

开头包括敬语、称呼和启词。敬语和称呼写在信纸的第一行顶格，通常形式为敬语加称呼，称呼后加冒号。如"尊敬的老师："亲爱的妈妈："等，还可加上提称语，如"尊敬的某某先生台鉴"等。启词可写问候语，如"您好""见信好"等，写在称呼的下一行，空两格。对于公务信函，启词还可用"兹为、兹因、兹介绍、兹定于"，"顷闻、顷悉、顷获"，"欣闻、欣逢、值此"以及"据了解、据报、据查实"等一系列公文用语，以提领全文。

正文可接在问候语后面写，也可另起一行空两格写。这一部分是信的主要内容，无论是交代事情还是询问情况，或是表达思念，都要写得清楚明白。正文也是最能发挥写信人文采和感情的部分，但如果是写公务信件，就不要过于随便发挥，也不能同时写多件事，而应该一事一信。

结尾是正文结束的标志，通常以表示祝愿、勉励或敬意的祝颂语作结尾。私人关系可写"祝你健康""祝你愉快""工作顺利"等，公务关系可写"诚祝生意兴隆""万事如意"等。之后,通常在正文下一行空两格写上"此致""敬礼"等字样。也可用谦词敬语来宣告正文的结束,如"纸短情长,不胜依依""临书仓促,不尽欲言""匆此草就,祈恕不恭"等。

落款部分写上自己的姓名。私人信件可根据双方关系写上你的姓名或昵称,公务信件就要完整地写出所在单位的部门和自己的姓名,如"某公司某部某某",署名后可写上"谨上、谨呈"等具名语,以示尊重。

日期写在落款下面,除了年月日,还可写上写信地点,有时候私人信件的日期写得很详细,让人能感受到写信人的细心,如"2016年1月1日下午6时于某某寓所"等。

此外,如果信已经写完,发现还有话要说,可以在信的后面写上"又及""另""附言"等,然后补充遗漏的内容。

书写信封时要注意,信封上应依次写上收信人的邮政编码、地址、姓名及寄信人的地址、姓名和邮政编码。收信人的姓名应写在信封的中间,字号要略大一些。信封上收信人姓名后的称呼不同于信中的称谓,它不是发信人对收信人的称呼,而是邮递员(送信人)对收信人的称呼。应以收信人的社会职位而定,不应在收信人名字之后加上私人关系称谓,如"某某姐姐收""某某大爷启"等,都是错误的写法。

喜欢传统书信格式的人,还可以在信封上写"某某先生将命""某某先生将命考""某某先生茶童收""某某先生书童收"等,意思都是表示不敢让对方直接收信,而只能将信交给手下人代为转达,这是一种自谦,写信人明知收信人没有将命者、茶童、书童之类的助手,仍要如此书写,一来是为了表示敬意,二来也可以为书信增添一些雅趣。

书信体现着一个人的文化素质和个人涵养。一封字迹工整、措辞得当、格式完整、行文流畅的书信,可以完美地展现出书信人的文学修养和优雅气质,让人读来赏心悦目、怦然心动。一个把信写得乱糟糟的人就不会给他人留下这种好印象。见信如见面,见字如见人,书信像是我们举手投足的缩影,又像是代为沟通彼此感情的使者,怎能随意待之呢。

4.电话网络

电话礼仪

信息社会,电话是我们日常生活与工作中必不可少的通讯工具,几乎每个人每天都要接打电话,看上去是平常小事,可其中也有许多容易忽视的礼仪。

打电话时间的选择,应以对方为中心。我们大概都有这样一种体会,有时深更半夜或者天还未亮时,电话铃声大作,迷迷糊糊中接起电话,以为对方出了什么事,结果并不是,挂断电话仍觉惊魂未定,心下不免生厌。所谓"己所不欲,勿施于人",我们在给他人特别是不相熟的人打电话时,要尽量选择别人方便的时间,一般情况下,上午8点之前(节假日9点之前)、晚上10点以后不宜打电话,以免干扰对方或家人的睡眠;三餐时间也不适合打电话,免得打扰对方的就餐心情;许多人有午睡的习惯,不是事关紧急,不要在中午打电话。尽量不要打扰别人周末和节假日的休息时间。如果是越洋电话,要计算好时差。

除了遵循通用的时间规则,我们还要考虑对方的工作性质和个人习惯,从而更好地推测和判断对方方便的时间。当对方接起电话时,应先询问对方:"请问您现在方便接听吗?"如果感觉对方很忙,应主动告诉对方:"打扰了,等您方便时我再打吧。"

注意语调和声音。通话时，只闻其声不见其人，彼此的印象和感觉全凭说话的内容和声调。无论是打电话还是接电话，声音应当清晰而柔和，语调应亲切自然、平稳柔和，不要装腔作势，娇声嗲气，更不要嘴里吃着东西讲话。一定要微笑着说话，虽然对方看不见，却能听得出。卡耐基说过，"用电话做生意时，也不能忘记微笑"，微笑能顺着电话线把你的愉快情绪和积极态度传达给对方，美化你的电话形象，使你的声音听起来更为友好热情，如同面对面谈话一样。

用语礼貌，长话短说。打电话时要使用礼貌、规范、谦恭的语言。要符合自己的身份和特点。要正确使用"您好""请""谢谢"等礼貌用语。吐字清晰，语速适中，句子要简短而准确，不重复啰嗦，不东拉西扯。应遵循"通话三分钟"原则，时间尽量控制在3分钟以内，最长不要超过5分钟。打电话时，嘴部与话筒之间应保持三厘米左右的距离，这样对方才能听得最清晰。

通话过程中，要保持良好的耐心。接听电话要学会站在对方的角度倾听与理解，这样才能促进有效沟通。要耐心地听对方把话说完，不要抢话。通话期间可以通过提问来探究对方的需求与问题。如果对方不够礼貌，我们要防止被对方的不良情绪污染。如果你带着恶劣的情绪与人通话，会让对方心里很不舒服。一个具有良好电话沟通能力的人，应该在任何情况下都能让对方如沐春风。

通话时应不卑不亢，对领导和地位高的人不必谄媚，对普通人不要倨傲怠慢。不推诿责任，不低声下气，不趾高气扬。要以平常心和平等心对待每一个通话者，"看人下菜单"会给人留下趋炎附势、欺软怕硬的印象。

给不太熟的人打电话时，应主动自报家门，说明自己是谁、找谁、有什么事。如果你不说自己的姓名和意图，反而先问对方"你是谁"，就会惹对方不快。如果电话是由对方总机接转，或由别人代接，要使用"您好""烦劳""请"之类的礼貌用语。

接电话一般控制在响铃三声之内接听，否则，会被认为失礼。但第一声响时不要急着接起，这样容易掉线，或吓着对方。电话在第三声铃响之前接听，会让打电话的人觉得你很重视他的时间，不希望让人久等。也许你手边正在忙其他事情，但打电话的人并不知道你在忙什么，只会觉得电话没人接听。迅速接听电话可以为你在别人心目中的形象加分。如果接听得有些晚，拿起电话应当首先说："对不起，让您久等了。"及时向对方表达歉意。

代接电话也要有礼貌。当对方要找的人不在时，未经允许，不要自作主张告诉对方他要找的人去了哪里、手机号等详细个人信息，可以先告知对方"他不在"，再问"您有什么事需要转达"，顺序不要颠倒，以免让对方怀疑受话人故意不接电话。对方请你代为传话时，应做好相关记录，如姓名、时间、地点、事由等细节信息，都要准确详细，并在挂断电话前对来电要点进行复述，避免误事。

感情再深，也不可能不放下电话。那么，应该由谁先放下呢？通常是由打电话的一方先挂机。与上级或长辈通电话时，应由对方先挂断。在通话结束前，如果你有事要处理，不方便长谈，应向对方致歉并告知对方："不好意思，我有事要处理，等我处理好，再给你打电话。"免得让对方觉得受到冷落和慢待。通话结束时应轻轻放下听筒，不要用力过猛，"咔嚓"一声挂断电话，这是不礼貌、不文明的。

网络礼仪

随着互联网的普及,网络已经进入千家万户的生活,丰富多彩的网络世界,为人们益智广识提供了前所未有的便利条件。但网络是把双刃剑,既有有益于人们生活的一面,也有消极影响的一面。良好的网络环境是靠全体网民共同维护的,每个人都是互联网文化的推动者和影响者,网络的传播面之广,影响力之大,是别的渠道无法比拟的,我们在网络世界里的一举一动都随时可能诞生新的网络语言,促成新的网络红人,也随时可能引发网上骂战或网络事件,对自己和他人造成伤害。所以在网络世界里也要注意网络礼仪,人人当洁身自好,以礼约己。

健康上网,不沉迷网络。网络游戏被现代人称为"电子海洛因",不少上瘾者沉迷其中不能自拔,严重影响身体和心理健康。某大学生在网吧连续玩了十几个小时的游戏后,一出门突感头疼,继而昏迷,呼吸停止,医院诊断为"脑死亡"。这样的事例太多,已算不上"新"闻。长期坐在电脑前沉迷于网络,会导致一系列的疾病,如心血管疾病、胃肠神经官能症、神经衰弱、眼疾、头疼、焦虑、忧郁等,严重的会导致死亡,还会造成"网络上瘾""网络孤独"等网络性心理疾病,年轻人是多发群体。他们对除了电脑网络以外的任何事物都毫无兴趣,极力逃避现实,将网络世界当成现实生活,脱离时代,封闭自己与外界的沟通,从而表现出孤独不安、情绪低落、思维迟钝、自我评价降低等症状,更严重的会发展到对自己或他人的肢体进行攻击或摧残。所以,网络生活一定要注意保持良好的习惯,健康上网。比如,利用业余时间上网,上网时间每天控制在两个小时以内,不深更半夜上网,不打破正常的饮食与生活习惯。上网要有明确的目的,有选择地浏览自己所需要的内容,不要漫无目的。上网过程中应保持平稳的心态,消除猎奇心理,不宜过分投入。不依赖网络聊天,不痴迷网络爱情。不为了打发时间而泡在网上,其实生活中打发时间的方式很多,比如和朋友聊天、打球、看书等都是很不错的休闲方式。

注意网络安全。一方面,我们要洁身自好,杜绝网络犯罪。不浏览非法网站,不利用虚假身份进行恶意交友、聊天,不进行传播病毒、黑客入侵、通过银行和信用卡盗窃、诈骗等行为。同时,我们还要注意保护自己在网络世界的安全。在网络上行骗的人比比皆是,骗子总会披着美丽的外衣。如果有任何文章或广告,看起来太过于美好,甚至令你开始怀疑真实性,那就要小心了,通常这都是假的。面对网络上五花八门的诈骗手段,我们除了需要擦亮慧眼,还要提高自己的防骗意识和能力。远离网络犯罪分子,要注意远离色情、赌博、非法分享等网站,避免访问那些看起来可疑或不三不四的网站,这些网站通常都是恶意软件的来源。网络上也有垃圾食品,如网络赌博、成人网站,以及非法文件分享网站等。不要在网络上(社交网站、微博、签到等)过度分享你的个人信息。你不会知道有谁正在觊觎着你的隐私,想要窃取你的数据、金钱,甚至你的身份。如果不够小心谨慎,那你在网上说过或做过的事情就有可能被用来危害你。在社交网站上告诉大家你的每一个行踪,这是一种非常危险的行为。此外,在网络上分享个人琐事要时刻保持清醒,最好时不时地问问自己,这些分享出去的内容会不会影响到自己的声誉,甚至对自身安全或周围的人构成威胁。

君子慎独,上网要注意约束自己的行为。在日常工作和生活中,大多数人都会自觉遵纪守法、文明有礼,但不少人在网络世界就会肆意发泄,言行毫无顾忌,表现出无底线的粗俗、残暴、猥琐,成为丧失道德规范的、"闲居为不善,无所不至"的"小人"。这些人普遍有这样一种心理,我躲在电脑后面,鼠标是我的,键盘是我的,我想干什么都没关系,反正只有"天知地知我知",把网络当成了发泄的工具。其实,我们不应因为看不到别人,就忽视了别人的存在。每台电脑前都有一个真实的人,你说出的每一句不负责任的话,都可能对网络另一端的他人造成一万点的伤害。

在网络上发表言论、进行讨论时,要注意文明用语,一些不尊重他人的言语很有可能就是结束讨论开启谩骂的发端,网络礼仪就会在这一瞬间消失殆尽,每个人都变成了强词夺理的怪兽,说到最后已经不知道最开始在讨论什么了。在网络中要学会就事论事,在一种认真、执着、良性的环境中开启"知书识礼"的网络讨论。要尊重与自己意见不一致的发言者。不妄加揣测他人的动机、背景、经历。如果自己错了,立刻修正自己的言论。不以一个或数个问题上的分歧给他人贴标签,下定义。不过度使用流行而不贴切的词汇。不站在道德的制高点上评判他人。不扭曲、妄造他人言论观点,不故意引导旁观者对争议双方的心理感受。

维护良好的网络环境,还应注意:尊重他人,不要"出口成脏"。看到不想看的内容,不要张嘴骂SB,闭嘴曰脑残,网页右上角有个小叉,轻松一点,不费电也不费力,就可以省去很多麻烦。为自己的言论负责,不信谣,不传谣,不浏览、不传播低俗内容。谣言一张嘴,辟谣跑断腿。不确定事情的真伪,就不要盲目转发和分享,伤害到他人要及时道歉。不做伸手党,能自己解决的问题尽量自己解决,尊重网友的智慧与劳动,在索取网络资源的同时,也要积极为他人献策献力。

总之,网络世界里要保持慎独,就算网络另一端的人不知道我们是何人,依旧保持自身语言及行为上的风度与克制,这就是一种网络修养。上网时、工作时、独处时我们都要一样地约束自己,诚于中,形于外,网上网下的行为始终保持一致。在现实生活中怎么做,在网上也要怎么做,甚至做得更好。生活中说话讲礼仪,网上也应如此,己所不欲,勿施于人,如果一句话你当着对方的面说不出口,那么在网上也不要说,现实生活中有多文明,请在网上继续保持吧。

五、出门如见大宾——公共场合之礼

每个人每天几乎都要出门,出门就要融入大众里,一举手一投足,你是彬彬有礼、温文尔雅,还是举止粗俗、自私自利,尽在众目睽睽之下,一览无余。所以出门在外,不能像在家里一样随便,公共场所应当时刻注意自己的礼仪是否合乎大众要求。《论语·颜渊》中有这样一段话,子曰:"出门如见大宾,使民如承大祭。己所不欲,勿施于人。在邦无怨,在家无怨。"意思是出门与人见面,要像接见贵宾一样充满敬意,役使民力要像承担大祭一样心怀诚意,凡是自己不愿意不喜欢的,就绝不加诸他人,这样无论你在外还是在家,都能与人和睦相处。时移世易,今天我们学习古代礼仪的目的,不是为了按照古人的做法一成不变地生搬硬套,我们要学习的是其中的观念与思想精华,"出门如见大宾""己所不欲,勿施于人",其中蕴含的对人对众这种恭敬真诚和处处为他人着想的心,今天的我们尤为需要。

1.公共道德

心包万物,友爱众人

出门对众,我们应怀有一颗包容天地万物的仁爱之心,把对父母、对亲人的爱,推及到共同生活在这天地之间的全人类乃至自然万物,从而去关爱众人、关爱社会、关爱整个世界。这就是《弟子规》中"泛爱众"篇起首即说到的:"凡是人,皆须爱,天同覆,地同载。"

我们在社会上立身处世,要面对各个群体形形色色的面孔,同各种各样的人打交道,有没有一个法则是可以通行的呢?孔子的学生子贡,有一天也提出了同样的问题:"有没有我们终身可以奉行的一句话呢?"孔子回答说:"那就是'恕'吧,己所不欲,勿施于人。"《弟子规》中对这句话作了补充说明:"将加人,先问己,己不欲,即速已。"我们对人说话、做事之前,都要先问一问自己,如果是自己都不愿意不喜欢的事,就快快停下,不要强加给别人吧。

可见,"己所不欲,勿施于人",是一种"恕"的精神,一种设身处地、推己及人的待人原则,它让我们学会宽容。宽容就是对己严,而待人宽,类似于今天心理学当中的"同理心"之意,同理心的重要原则就是要站在对方的角度去理解问题,将心比心,这样你就知道对方为什么会那么想,从而更能理解对方的做法,减少误会和冲突。

今天我们也经常说"己所不欲,勿施于人",但这本应该是用来提醒自己、约束自己的,更多时候,却成了一些人要求别人、指责别人的砝码,每当对别人的一些做法不满意时就会说出这八个字,像是给人扣了顶道德大帽子,让人竟无言以对。

有包容万物之心,自然而然就会善待他人。自古以来,心存仁爱,与人为善一直是我们的传统美德。"与肩挑贸易,毋占便宜;见穷苦亲邻,须加温恤。"(《朱子家训》)"心要慈悲,事要方便,残忍刻薄,惹人恨怨。手下奴仆,从容调理,他若有才,不服侍你。"(《小儿语》)都是教人要心存善良,善待他人。

孔子家中的马棚失了火,管家急急忙忙跑去报告孔子,心中暗暗地想:"这可怎么好,马匹烧了可是一大损失啊。"没想到,孔子得知后却只焦急地问，"人伤到没有？赶快先救人。"孔子"问人不问马"，正是他仁爱众人的体现。

汉朝的刘宽，也是如此。刘宽是东汉时期的宗室兼重臣，据《后汉书》记载，刘宽性情温和善良，从未发脾气，他的夫人为了试探刘宽的度量，就想办法激怒他。有一天早上，正当刘宽穿戴整齐准备入朝时，夫人命侍女端早餐给他，故意将肉羹翻倒，弄脏刘宽的朝服，而刘宽神色不变，仍旧和颜悦色的对侍女说："没事，烫到你的手了吗？"还有一次，家中来了客人，刘宽叫仆人出去买酒，过了多时，仆人却大醉而归，客人非常生气，骂仆人为畜生。仆人走后，刘宽叫左右的人去看他，并且对人说："奴仆也是人，骂他是畜生，这是最侮辱人的话，我担心他受了侮辱想不开，所以叫人去看看他。"刘宽温和到这种程度，使得天下的人都尊称他为宽厚的"长者"。

《礼记·曲礼上》说："夫礼者，自卑而尊人。虽负贩者，必有尊也，而况富贵乎？富贵而知好礼，则不骄不淫；贫贱而知好礼，则志不慑。"礼的本质，是要我们谦卑而尊重别人，即使是小商小贩，也一定有值得尊敬的地方，何况是富贵的人呢？富贵而又懂得礼，就不会骄奢淫逸。贫贱却又懂得礼，就不会志怯心疑。

今天我们对上司、对领导、对家人、对尊长、对有利于我们的人都懂得要以礼相待，但对陌生人，对需要帮助的人，对那些在大众眼中过得不如我们的人，却未必能做到。其实，真正有修养的人，在社会生活中，懂得尊重每一个人，善待每一个人。不论对方地位高低，我们都应该怀着谦卑之心，以礼相待。待人粗鲁无礼，只能说明自己缺少修养。有句话说得很有道理，看一个人的修养，最直接的方式就是看他对服务员的态度。

网络上有个视频，北京大暴雨，到处被淹，一个外卖小哥因为送餐晚了，被一个男客户开门指着鼻子辱骂了很久，骂得很难听，外卖小哥一直在低头说对不起，对方还是不肯罢休，骂过瘾后才摔门而入。最后外卖小哥离开的背影让人心酸。

这样的事情，全国各地，几乎每天都在发生着。北京一个顺丰小哥蹭了一辆轿车，被司机连打带骂，顺丰小哥反复道歉，任由打骂。看了这个视频，忍不住为打人者如此嚣张而愤怒，为被打者如此卑微而心疼。

为什么他们敢这样拿服务员撒气呢？为什么这些服务人员都不反抗？因为他们身为服务行业，不允许跟顾客有冲突，更不允许打顾客。有句话叫"顾客是上帝"，这本来是服务行业对自己的要求，是自谦自律的话，很多顾客却把这句话当成欺负服务人员的许可证，既然我是上帝，我骂你、打你、羞辱你，你都得受着。这样的人，想当上帝之前，应该先学会如何做人。

我们花钱消费，买的是服务，而不是服务人员的人格，并不能说明我们就高人一等，服务人员就低人一等。服务行业为我们的生活提供了太多的帮助，理应受到全社会的尊重，而不是歧视。很多时候，我们欠服务人员一个尊重，一声谢谢，一个微笑。比如公司的保洁人员、送快递的服务人员、列车上的工作人员等等，不要觉得我们的态度对他们是无所谓的，很多时候，我们的一个笑脸，一声问候，一句感谢，可能是支撑他们一天工作的动力，是他们一天辛苦中唯一可见的阳光。

除了这些，在社会生活中，我们还可以做一些体贴别人的顺手之举。比如，在外面用餐结束时，顺手收拾一下碗筷，用纸巾把桌面稍擦一下，以方便服务人员收拾。开会结束时，顺手把桌面清理干净，把椅子摆放好，以方便保洁人员收拾。扔垃圾时，把一些带刺的东西，如榴莲皮、图钉、碎玻璃等都包起来,防止环卫工人伤到手。开车的时候,不往车窗外扔烟头、纸巾、果皮等任何东西,尊重环卫工人的劳动。像这样的小举动,对我们来说真的是稍加注意就可以做到的举手之劳,对于他们来说,却是难得的体贴。

想获得他人的尊重,请先尊重他人;想获取他人的善待,请先善待他人吧。

在社会生活中,我们还要懂得感谢他人。俗话说,"受人点滴之恩,当涌泉相报",我国历史上有不少这样的典故,比如成语"一饭千金",说的就是韩信知恩图报的故事。韩信少年时父母双亡,日子过得很艰难,常常没处吃饭,只好到城下淮水边钓鱼,钓到了可以卖几个钱,钓不到就饿肚子。淮水边上有一群漂洗丝絮的老大娘,各自带着饭篮在这里干活。其中一位大娘见韩信饿得有气无力,就把自己的饭分给他吃,一连多天都这样。韩信非常感激,对大娘说:"我将来一定要好好报答你。"大娘却生气地说:"我是看你可怜才送饭给你吃,哪图什么报答!"韩信后来追随刘邦,与张良、萧何合称"汉兴三杰",他设法找到了当年那位漂母,送给她一千两黄金作为报答。

当我们身处谷底,需要帮助的时候,有人拉我们一把,一定要找机会告诉他,谢谢你对我的帮助。诚恳而主动的说一声"谢谢你",绝不是见外的表现,而是真诚地告诉对方,有你真好,你的帮助对我来说很重要,谢谢你对我的好。这会给对方带来意料不到的快乐,能让对方真切地感受到你的感激和尊重。如果对方给了你很大的帮助,你连声"谢谢"也没有,就从此消失在茫茫人海中,会让对方怎么想呢?说声"谢谢"很容易,但你是否每次都能及时说出来呢?

致谢,是懂得感恩的表现,我们往往只记得曾经受过的伤害,却容易忘记曾经接受过的帮助,渐渐把别人对我们的付出,都调成了默认状态,把我们享受过的一切照顾,都当成是理所当然。懂得感恩,才会让我们内心深处永远保持柔软。生活中,要记得随时感谢那些帮助过我们的人。

常怀公德心,竭力去做有益于公众的事情

我们常说公德心,公德心究竟是什么呢? 什么行为是有公德,什么行为是无公德呢? 社会公德的定义是这样说的:"社会公德是全体公民在社会交往和公共生活中必须共同遵循的行为准则,是社会普遍公认的最基本的行为规范。"我们可以这样理解,人群社会是一个相互交织的关系网,世界上没有一件事物,可以离开别的事物而单独存在;社会上也没有一个人,可以离开其他的人而单独生存。所以,我们必须时时关心大众的利益,竭力去做有益于公众的事情,这就是公德心的体现。不要把私人的利益看得太重,而忘记了我们所依存的社会群体,应该将个人融入到社会群众中,为社会群众谋福利,也就是"人人为我,我为人人",这种时时为他人着想的心,就是公德心。

对天地自然、万物众生皆要有公德心。公德心古已有之,《礼记·月令》就强调"毋变天之道,毋绝地之理,毋乱人之纪"。要顺应四季变化,不能夏用冬令、春用秋令,而要注意天时与地利。例如,孟春之月,"禁止伐木。毋覆巢,毋杀孩虫、胎、夭、飞鸟。毋麛,毋卵。"人与自然是共生的,破坏大自然,就是破坏人类的生存条件。因此,人类要顺应自然,注意保护生态环境,与万物共生共荣。春天,万物复苏,各种动植物开始繁衍、生长,这时,不要砍伐树木,不要捣毁鸟窝,不要虐杀幼虫、怀孕的动物,以及刚出生的小兽、嗷嗷待哺的小鸟。

《礼记·曲礼上》有很多礼仪规范,都要求我们说话做事要懂得为他人着想。比如"邻有丧,春不相;里有殡,不巷歌。适墓不歌,哭日不歌。"意思是说,一个人的言笑举止要注意场合氛围。邻居家有丧事,居家时就不要唱歌助春;街上有人家出殡,作为街坊就应有悲戚之色。参加丧礼、去墓地这些场合都不应嬉笑唱歌。再比如,"登城不指,城上不呼。将适舍,求勿固。"登城不要用手指画,在城上不要呼叫,以免惊扰他人。外出就宿旅舍,不要像平常在家一样随意。

现代社会,公德的范围很广,涵盖了公共利益、公共秩序、公共安全、公共卫生等领域,主要内容包括文明礼貌、助人为乐、爱护公物、保护环境等方面。举例来说:

出门对众谦让有礼,懂得使用文明用语,如接受别人帮助后要说"谢谢";

到图书馆阅读公用书籍懂得爱护书籍并放回原处;

开车停车时懂得避让,不妨碍交通,不乱鸣笛;

使用公共游乐设施懂得照顾别人;

在超市购物不用手触摸裸露食品,不拆开商品包装,看过商品后放回原处;

在商场试衣服时不弄脏衣服,试完整理好挂回原处;

住旅店不大肆浪费,不用毛巾窗帘床单等擦皮鞋,不穿浴衣在大堂里穿行;

在公园里不攀爬雕塑、栏杆等设施,不攀折花草树木,不在公园长椅上躺卧站踩;

在公共泳池中不在有人游泳的水域跳水;

观看演出时保持安静,不到处走动,不中途离场,不乱扔荧光棒,不喝倒彩；

携宠物上街避免妨碍行人，妥善处理动物粪便；

在公共场所野餐完毕要清理场地；

不随地吐痰、吐口香糖，不乱扔烟头等垃圾；

在动物园中不乱给动物投喂食物；

爱护有益于人类的动物，不虐待和残害动物。

这些行为都可以说是具有公德心的表现，反之就是没有公德心的表现。这些只是社会公德当中的很小一部分内容，公共礼仪涉及面非常广泛，渗透到社会生活的每一处，"不知礼，无以立"，我们出门对众如果不讲究这方面的礼仪，轻则影响我们的立身处世，重则有生命之忧。

遵守公共秩序，不随意破坏规则

社会生活中有种种规则，大规则小规则，成文的不成文的，都需要人们共同遵从，可总有人漠视规则，随意破坏规则。

2016年7月24日，八达岭野生动物园一名女性游客在猛兽区下车，被老虎拖走，并咬成重伤；她妈妈为了救她，被老虎咬死。这个新闻，用最血腥的事实告诉我们，不守规则的后果有多可怕。事实上，这类新闻并不是第一次出现，很多不守规则的人付出了生命的代价。有为抄近路翻墙进动物园被老虎咬死的，有在禁入区看飞机起飞被撞死的，还有大批人因闯红灯被撞死。在中国，高达37%的交通死亡事故是行人闯红灯造成的，每天都有人死于闯红灯。

然而这些教训似乎威胁不到那些无视规则的人，除了这些理直气壮地拿生命开玩笑的人，还有更多人喜欢破坏规则，给别人添堵。他们把电影院当成自家客厅，把广场当成自家院子，把电梯当成吸烟室，插个队闯个红灯更是平常之举;他们为拿到学分而作弊,为找到工作而学历造假,为买房而伪造纳税证明,为躲避交通罚款而套牌。他们不以遵守规则为荣,而以钻规则的空子为荣;不以遵循程序办事为准则,而以操作潜规则达到目的为本事——这是一些人在公共生活中信奉的"规则"。对他们而言,规则是用来约束别人以方便自己的。他们任意地享受着破坏规则的好处和便利,嘲笑着那些遵守规则的人。很多时候,在不守规则的环境中,想老老实实做一个守规则的人,反而困难重重,而当你想阻止别人破坏规则时,可能会遭受指责和谩骂,在这种环境下,能坚守规则很不容易。

某高校有这样一个事例,老师让学生自行申报"三好",一个原先不积极的学生也申报了,在"个人表现及事迹"一栏中只写了一句"在校食堂用餐两年,没有插过一次队"。开会讨论时,其他同学对此不以为然。于是这名学生算了一笔账,两年来,除去假期,他在学校用餐一共是1440次;在每天都看到其他人"随便"的情况下,他坚持不插队这件事,重复做了1440次,每一次都循规蹈矩,一丝不苟。账算完,投票时,全班举起了手。

有时,我们也常抱怨社会风气不好,自觉守秩序的人太少,细想来,在抱怨的同时,我们自己又在哪里? 规规矩矩排队、耐心等绿灯亮起、不乱扔垃圾、在公共场合保持肃静不大声喧哗,这些显然都不是大事,但又都是我们没有做好的"小事"。网上流行一种说法,说中国式过马路,就是凑够一撮人就可以走了,和红绿灯无关。这从一个角度说明人们在破坏规则时的从众心理,大家都这样,我这样也不算什么。人人都如此,社会规则又怎能得到维护呢? 相反,如果人人都自觉遵守秩序,让"中国式过马路"的人群里,少了你我的身影,少了一个又一个的身影,"中国式过马路"现象自然就不复存在了。

因此，遵守公共秩序，最重要的一条是要从我做起，不因别人不守秩序自己也不守秩序。"别人都如此"不应成为我们不守秩序的理由。遵守公共秩序，维护公共规则，需要人人从我做起，从小事做起，天天保持下去。

公共生活中，谁都不是独立的个体，彼此的行为总是互相关联和影响的。没有规矩不成方圆，规则之于社会，正如规矩之于方圆。身处公共场合，就应当对公共规则心存敬畏，自觉遵守，如果不以为意，听之任之，公共规则就得不到维系和保障。一个缺乏公共规则的社会，人人都可能是受害者。所以，尊重公共规则，尊重的就是我们自己。

仪表整洁，保持微笑。出门对众，不一定要穿着华丽、珠光宝气，但衣履要整齐清洁，朴素大方，不可邋遢随便。仪容要端庄，要保持心情愉快、情绪安详，对人微笑有礼，讲话心平气和，不可以把脾气发泄到别人身上，也不能把自己的烦恼、不良情绪传染给别人。平时在家，可以闲散、放松，但是一旦出门，就要容光焕发、精神奕奕，所谓"在家一条虫，出门一条龙"，说的就是这个道理。出门在外，一定要打起精神，说话铿锵有力，目光炯炯有神，带着饱满的精神和愉快的心情，充满信心、专注地投入一天的工作和生活中。

爱护公共环境卫生。不随地吐痰，不随手乱扔垃圾，这是我们从小就懂得的礼仪规范。出门上街，到处都有这样的提示标语，可人们早已熟视无睹，照吐不误。说到底，还是缺乏一种从我做起的意识。每个人都应当认识到，自己是公众的一分子，有责任和义务维护公共环境。我们要把公共场所当成自己的家，就不会在公共场所随地吐痰，乱扔垃圾。虽然公共环境的卫生不需要我们去打扫，但是需要我们去维护和监督,看到不文明的行为要及时制止。爱护公共环境卫生,人人有责,环境清洁,家家受益。

不在公共场所聚众围观,不做"吃瓜群众"。生活中,你是否见过这样的场景,远处人声嘈杂,听起来像是有人在打架斗殴,人们纷纷跑去观看;许多人围着高声叫卖的小商小贩,争抢着领礼品抓大奖;前方出了车祸,行人驻足议论,开车人停车观看,聚集的人越来越多,围得水泄不通……有个笑话讽刺这种行为,说有个人骑车去上班,路上看见一大群人围在一起,听人们议论像是发生车祸了,他想一看究竟,可怎么也挤不进去,于是大喊一声:"让开! 我是他儿子! "人们赶忙为他让开了路,他冲进去一看,地上躺着一头驴子。"吃瓜群众"哄然大笑……

公共场所聚众围观,做闲看热闹的"吃瓜群众",容易造成场面更加混乱,交通更加堵塞,为人为事平添了麻烦,同时,给人一种乱凑热闹、没有修养、没有自制力和是非观的印象。公共场所不是自家院子,不是说书卖艺的剧场,应该自觉避免到人多拥挤的地方,不要对人群聚集之处趋之若鹜,更不要刻意制造噱头,引路人驻足。如果你与人结伴而行时见热闹就凑,不仅浪费大家的时间,还会给人留下糟糕的印象。因此,聚众围观是非常失礼的行为。

进门出门,礼让为先。进出门是生活中最日常的行为,其中礼仪也是最容易被人忽视的。进出门也要遵从规则,讲究礼貌,有很多细节需要留意。虽然先到者先行是进出门的一般基本原则,无论男士还是女士,上司还是同事,年长还是年幼,谁先抵达谁应先走,这适用于任何性别、地位和年龄的人,但是,在特殊情况下替他人着想,为他人方便,给他人拉门,让他人先走,是有修养的表现。比如身旁是一位长者或孕妇;比如身旁的人手中拿满了东西,腾不出手来;比如作为主人接送客人时……都应当毫不犹豫地让他们先行,或者先行两步,主动地为他们拉门,并等他们进入或出外后方才进入或出外。切不可争先恐后,推搡别人,夺门抢先,动作粗野。

进出门的礼仪,并不是西方礼仪之专属,《礼记·曲礼上》就有开关门原则要求:"户开亦开,户阖亦阖。有后入者,阖而勿遂。"进门时,如果门本来是开着的,那么进门后就还让它开着;如果本来是关着的,那么进门后就还让它关着;如果后面有人,就将门虚掩而不要关紧。这一礼节真是非常为人着想的贴心之举。尤其是弹簧门,如果不注意后面是否有人,就砰的一声关上门,很有可能迎面弹向后面的人,这样不仅容易让他人受伤,更有冷漠之嫌,是非常没有修养的表现。所以我们凡事都要想到下一个人,进出门时要自然地向后看看是否有人,扶住门扇让别人先走,或者提醒后面的人扶好门扇后再撒手。

如果这是一扇旋转门,进出门的人要注意协调配合,掌握速度和节奏。行动迟缓可能会耽误别人的时间,而急停止步就像急刹车,可能会造成对别人的危险。另外还要注意一般一格一个人,不要一格多个人,除非旋转门的门格空间很大。

出入电梯时也要注意,自觉排队站在电梯门两侧,电梯门打开时应先等里面的人出来后再依次进入,不可争先恐后。当电梯关门时,不要扒门或强行挤入。电梯宜快进快出,不要倚靠在电梯门上休息,更不要把住电梯门与人闲聊。

不站在妨碍他人的地方。公共场合,我们站立的姿势要注意端正,同时更要注意站立的地方是否适宜,如甬道或其他多人进出通行的地方,不可站立停留,以免妨碍他人行走。在开会、看演出或参观的地方,不要争抢着站在别人的前面,以免遮挡别人的视线。日常生活中,公司的门口处、楼梯电梯口处,我们经常看到这样的情况,两三个人聊得很起劲,完全不注意周围,甚至在路口转弯处也如此,既妨碍车辆行驶,又对自身安全造成威胁。

不扰乱别人。要时时想着,在学校、单位、其他公共场所,我们的一举一动都会影响到别人,当别人正在专心做事时,我们要留心不使自己的行为妨碍别人。《弟子规》中说:"人不闲,勿事搅;人不安,勿话扰。"比如,别人正在读书时,我们就不要大声说话或与人嬉戏,要问人问题的时候也应等别人不忙时,等别人把自己的事做完了再请教,无论对长辈还是平辈都应如此。还是那句话,己所不欲,勿施于人,我们自己做事时不愿意被别人扰乱,就不要这样对待别人。

2.行路礼仪

一个人在日常工作、学习和社会生活中,都离不开行路,道路是最基本的公众场所,因此不可忽视行路礼节。一个人行路的时候,能不能自觉地遵守行路公德,恰恰反映了他的修养如何。在这平常的"走路"中,同样包含着一系列的礼仪要求。

遵守法规,各行其道。城市道路一般分为机动车道、非机动车道和人行道。人车分流,各行其道,这是常识和基本的交通规则。行人走人行道,可保证行人安全,同时可保证车畅其流,维护正常的交通秩序。有的人却不走人行道,偏要走非机动车道,甚至上机动车道,不仅妨碍交通,也很容易出现安全事故。因此无论是开车还是步行,都要遵守交通规则。步行要走人行道,不走自行车道或机动车道,不走马路中间,不与汽车争路。

红灯停,绿灯行。这条交通规则如此重要,却又如此被人特别是走路的人轻视。前面我们说过，现在许多行人还没有养成遇到红灯停下来的习惯，漠视规则，看到红灯亮了，还要强行通过。为什么总有这么多的人心怀侥幸，不顾生命安全，漠视红绿灯呢？需知红绿灯规则绝不仅仅是车辆需要遵守的啊。为了生命安全，我们再来一遍碎碎念：有红绿灯的路口，要等绿灯亮并且两边没车时再通过。要走人行斑马线或过街天桥，不要在车流中穿行，不要为抄近路践踏草坪或冒险翻越交通隔离设施和护栏。在没有红绿灯的地方横过马路应小心谨慎，先向左右看清楚，遇到车辆安全礼让。动作要迅速，不要拖延迟缓。任何时候都要注意，不要没看清路上车辆行驶的情况，便突然起跑横穿马路，特别注意不要从车辆的后面突然起跑横穿。

步态端正，文明行路。走路时步履自然、矫健，不拖着脚走路，更不要在马路上手舞足蹈。目光一般正视前方，或自然顾盼，不要东张西望。行路时应与他人保持适当的距离，过于接近他人（伸手可及、抬腿可及），易造成他人紧张和不自在，易产生误会。路上人多时还要注意保持一定的速度，不可挡住后面人的去路。

举止文雅，讲究卫生。边走路边抽烟、吃东西，特别是糕点、冰淇淋之类的食物，既不卫生，也不雅观。还要注意爱护环境卫生，不要随手乱扔包装纸等废物，不要随地吐痰、擤鼻涕。如确实是肚子饿或口渴了，可以停下来，在路边找个适当的地方，吃完后再赶路。

并行时候，讲究位置。应把尊贵、安全的位置留给长者、尊者、女士，因此，男士或年轻者往往走在外侧。一般情况下，在马路上不应三四人并排同行，"横行霸道"，影响他人行路。在比较拥挤的地段，要有秩序地依次通过。所谓"逢桥先下马，过渡莫争船"，一般的要求是，青少年应主动给老年人让路，健康人应给残疾者让路，男士应给女士让路。

相互礼让，与人方便。在拥挤的路上，应主动给老弱、妇幼、病残者让路，不可争先恐后，抢道而行。行走中提着东西时，要留神不要让自己提的东西阻挡或碰撞他人。万一不小心撞了别人或踩着别人的脚，要主动道歉。如果是别人踩了自己或碰掉了自己的东西，应表现出良好的修养和自制力，切不可口出恶言，厉声责备，说诸如"干什么！""你没长眼睛啊？"之类的粗言，而应该宽容和气地说："慢一点，别着急。"

路遇朋友，热情有度。在路上遇见朋友、熟人可打招呼，但在车马繁杂的地方，应点头致意，不要高呼狂叫，惊动旁人。如果遇到久别重逢的朋友，寒暄之后还想交谈几句，应站在路边安全地带，不要立在路上久谈，以免妨碍他人行走。

不围观，不乱看。街头围观是一种极不文明的习惯。有位作家说过："好教养不是表现在不把佐料碰翻在桌布上，而是表现在别人碰翻的时候自己不去看。"行路时，遇到交通事故、他人争吵等现象都不要去围观，尤其是不应围观外宾和身着少数民族服装者。途经临街的私人住宅时，不论其中有人或无人，均不能趴在门口或窗口向内观望，也不要逗弄其中饲养的动物。

路遇残疾人不嘲笑。我们和残疾人同在一个蓝天下，所不同的是他们曾有过一段不幸的遭遇，而我们却很幸运，肢体健全，但这不该成为我们骄于残疾人的资本。要知道，我们当中的不少人，不具有残疾人的毅力和品质。对于别人的不幸应该同情、帮助，应该伸出援助的手，让残疾人感到社会的温暖，绝不能做"雪上加霜"的事情。孔子格外注重这方面的礼节，《论语·乡党》中说他，"见冕者与瞽者，虽亵，必以貌"，见了尊者和盲人，即使是私下场合，也要正色以对，礼貌待之。一句嘲笑的话，一个厌恶的表情，对于正常人来说瞬间就会忘却，可对于残疾人来说，却会刺痛他们的心，经久难忘。

特殊场合要注意。在医院、办公室、会议室、实验室这些特殊场合走路要控制脚步的轻重，尽量不发出声音，以维护这些场合肃静的气氛和安静的环境，不影响病人休息和他人的工作。切忌穿钉有铁掌的鞋子在这种场合走路。上下楼道或夜深人静时，也要注意脚步不能太重。

问路有礼，乐于助人。俗话说："走路叫声哥，少走十里多。"问路要注意礼貌用语，称呼要恰当，可说"请问""劳驾"等，切忌使用"喂""嗨""老头"等不敬的称呼，别人指路后应真诚致谢。还要注意"骑下马，乘下车"，骑车或开车时问路，要下车后再问。古时候有个县官就因为问路无礼而遭戏弄。县官带着几个随从骑着马要到王庄去，走到一个路口，不知该向哪边走。正巧过来一个老农，县官在马上喊道："喂！老头，去王庄怎么走？"只见老农头也不回，只顾赶路。县官怒了，在马上大吼道："你聋了吗？我在问你话呀！"老农停下脚步，说："我没有时间回答你，我要去李庄看件稀奇事。""什么稀奇事？"县官问。"李庄有匹马下了头牛。"老农一字一板地说。"真有这等事？马怎么可能下牛呢？"县官疑惑地问。老农认真地回答说："世界之大，无奇不有，我怎么知道那畜生为什么不下马呢？"老农用这句双关语，狠狠地奚落了无礼的县官，告诉他不尊重别人的人，同样也得不到别人的尊重。

此外，若遇到他人问路，要热心相助，假使自己不知道，也不能置之不理，应如实相告，并向对方致歉。

文明行路"十不要"。一不要横冲直撞，逆向而行；二不要翻越护栏；三不要嬉戏打闹，你追我赶；四不要边走边舞弄或抛玩手里的东西；五不要在大街上狂奔大叫；六不要几人横成一排，见人不让；七不要勾肩搭背，歪歪倒倒；八不要边走边吃或东张西望；九不要践踏草坪、攀折树枝花木；十不要随地吐痰，乱丢废物。

3.交通礼仪

探亲访友上下班，假日游玩，免不了要乘坐汽车、地铁、火车、飞机等各种交通工具，乘车时无论人多人少，都应当遵守公共秩序，讲究文明礼貌。

在孔子生活的时代，人们就有关于乘车行车的礼仪了。《论语·乡党》中说："升车，必正立，执绥（suí）。车中，不内顾，不疾言，不亲指。"意思是，上车时，一定要先直立站好，拉着专用索带，就是我们今天说的系好安全带。在车中，不要回头张望，不要急着说话，不要用手指指点点，否则不仅有失仪容，更会干扰车夫。这一乘车礼仪今天我们仍然在使用着。虽然我们乘坐私家车是不需要站着了，但坐地铁、公交车时仍有很多时候需要站立乘坐，车内广播每一站都会提醒我们："上车的乘客请您扶好站稳……"越是文明的国家，公交车和地铁上越是安静，这些都是乘车礼仪的良好体现。一起来看看，现代社会乘坐交通工具需要注意哪些礼仪规范。

乘坐汽车礼仪

公共汽车是最常用的交通工具，同时也是公共场所之一。一个人是否有修养讲礼仪，通过他在公共汽车上的所作所为完全可以看得出来，因此乘坐公共汽车，必须讲究礼貌。

乘公共汽车，应当排队按顺序上车，不要争先恐后，乱挤乱撞。不要以为自己有要紧事就可以不排队，要知道，谁都不是来挤公共汽车玩的。如遇老人、抱小孩的妇女和残疾人等应主动让其先上车，遇到行动不便的人，要主动帮助。急于冲上车为女朋友占座的小伙子，殷勤献的不是地方，文明的女孩子应该阻止男友这么做。上车后即向后移动，不要堵在车门口，以免妨碍后面的乘客上车。

上车后应主动刷卡或投币购票，千万不要逃票。有时个别乘客没有卡也没带零钱，其他乘客可帮忙垫付个车费，一元两元钱并不多，这种小举动会让人感觉很有爱心。

在车上遇到孕妇、病人、老人或抱孩子的妇女，年轻乘客应主动让座。让座这个话题属于老生常谈的话题，经常引起人们热议。我们坐车时，常会看到因不让座引发争执，甚至因为对方不让坐而大打出手的现象。在这个问题上，我们不应对他人进行道德绑架，应当彼此都怀着谦恭的态度，多从人情出发，礼让三先，而不是被逼无奈。让座的人应表现得自觉主动、积极热情一些，被让座的人也不要表现出理所应当、心安理得的样子，而要立即表示感谢。倘若自己并不打算坐下，应有礼貌地向对方说明，如"谢谢，我马上要下车了"。遇到不让座的人，应给予理解，可能对方身体正不舒服或有其他隐情，不要动不动就上升到道德制高点来谴责、批评甚至辱骂对方。

乘车时要彼此包容，以礼相待。公交车不是私家车，人多拥挤，你碰我一下我碰你一下是很正常的。关键还是彼此的态度问题，有时一个急刹车，不小心踩到别人的脚，应马上致歉，而不应无动于衷、一副不关我事的样子。被踩的一方也要显示出宽容的态度，不要张口骂人，不依不饶。

要为其他乘客着想，不要把包或物品放在身边的座椅上，带孩子的妇女不要让孩子站立在座椅上，以免弄脏座位，更不要让孩子在车上小便。

举止要文明得体，即使车上人不多时，也不要将腿长长地伸到旁边座位或通道上,自己舒服,别人看着却不舒服。在车上不要打打闹闹,也不要高声谈笑,即便你自以为讲的事情非常有趣,旁人也不一定想听,年轻人尤其要注意这一点,这是良好乘车礼仪的重要体现。

在车上咳嗽或是打喷嚏容易唾液四溅,谁也不想沾到别人的口水,所以想打喷嚏时一定要以手帕掩口并转身低头,以示回避。

恋人们还要明白,车上是公共场所,不能像在家中一样亲热过度,不仅"虐单身狗",也有违咱们中华民族的含蓄风格。

车上如果有旁边的乘客在读报,不要伸过头去"凑份子"。如果人家发觉后把报纸移开了,你就会难以下台。

乘坐公共汽车还要注意看管好自己的财物,尤其是上下车拥挤的时候,要防止小偷趁乱下手。坐车时,尽量把手机放在包内层,把包放在身前或视线能看到的地方。

下雨天乘车,在上车前应把雨伞折拢,伞尖朝下,不要把别人的衣服弄湿。乘车不要穿油污衣服,不带很脏的东西,以免弄脏别人的衣服,必须带上车的,要注意包装好,并放到适当的地方,提醒别人注意。

另外,不要在车上吸烟、吃东西,不到处吐痰或把脏东西随地乱扔,不向车窗外扔东西,也不要把头和胳膊伸出车窗外,不与司机攀谈以免影响司机驾驶,这些都是常识,是基本的乘车礼仪,要谨记公共汽车是公共场所,请怀揣一颗为他人着想的心上车。

乘坐火车礼仪

火车是我们出行常用的交通工具,乘车时,要遵守列车上的规范制度,并保持以礼待人。

上车时,如有同行之人,应由男士或年轻者先上车,找好座位,放好行李之后，再照应长者、妇女和儿童上车。下车时也应由男士或年轻者开道。

上车后，要对号入座，不能见座就坐，更不能抢座。不要随意更换车厢，如果想调换座位，要有礼貌地征得对方的同意，待其允许后，方能入座。

进入车厢后，不一定向在座的人作自我介绍，客客气气地向邻近的乘客点头致意即可。临别时可以向附近乘客道别，但不应随便要求别人留下地址电话等个人信息。

在车上可以和其他乘客交谈，但应以不妨碍他人为宜，要观察他人是否有交谈的意愿。不要打听他人的年龄、婚否、工作等个人隐私情况。谈论车祸和低俗故事也是不足取的。假如身旁的乘客正在阅读书刊或闭目养神，就不要大声谈笑、自言自语或播放影音。未经允许，不要取阅他人的书刊，如果他人不看了，再向人借取。

车上再热也不能赤膊上阵，不要穿背心、短裤和拖鞋上车。在车上也不要随意脱鞋，或把腿伸到对面座椅上。对于车上未见过的设备要请教使用方法，不要乱摸乱动，以免损坏。

车上最好不要食用有刺激性气味的食品，如大葱大蒜、韭菜饺子等。果皮纸屑要放入专门的垃圾袋中。自觉遵守车上的吸烟规定，不要对禁止吸烟的告示熟视无睹。即使车上有指定的吸烟场所，在公共场所吸烟对他人来说也是不礼貌的行为。

要看管好自己的孩子。孩子在列车上的表现几乎就是父母教育的写照。要叮嘱孩子注意安全，不要四处跑动，尽量保持安静，不要乱动乱拿车上及他人的物品，即便别人说"没关系"也是不可取的。要使孩子养成去洗手间大小便的习惯，吃东西时注意保持车内卫生。

如果是在客车包厢,晚上他人正在宽衣就寝时,要适当回避,不要注意他人睡前的准备和睡相。自己脱衣整理时,应背对其他人,日间换衣服应去洗手间。女士不宜当着其他人的面化妆或整理衣裙。

乘坐飞机礼仪

飞机也是我们出行时经常乘坐的交通工具,人人都有必要了解一些乘坐飞机的基本礼节。

乘坐飞机要提前一段时间去机场。国内航班至少要提前半小时到达,而国际航班至少应提前一小时到达,以便留出办理行李托运、检查机票、身份证和其他旅行证件的时间。

乘飞机的行李要尽可能轻便。国内国际航班,对行李的重量都有严格规定,超重的部分要加收费用。手提行李一般不超过5公斤,其他能托运的行李要随机托运,尽可能把几个小件行李集中放在一个大袋中,这样可以节省时间,又避免遗失。

上下飞机时,空姐会站立在机舱门口迎送乘客,作为乘客要有所回应,可点头致意或者问好。不将超大行李和有异味的物品带上飞机。上机后尽快放好随身行李,保持通道畅通。不要抢座位,应根据飞机上座位的标号按秩序对号入座,坐卧的姿势以不妨碍他人为宜。如果感到闷热可以打开座位上方的通风阀。

飞机起飞前,乘务员通常会给乘客示范如何使用降落伞和氧气面罩等,以备意外情况之需。当飞机起飞和降落时,要系好安全带。登机后主动关闭手机等无线电设备。飞机上禁止使用移动电话、便携式电脑、游戏机等设备。在飞机上不要吐痰、吸烟。享用免费食品要适可而止。

起飞后,乘客可看书看报或与同座交谈,不必通报姓名等个人信息。

与人交谈时,要避开那些可能吓着别人的话题,如劫机、坠机等空难事件。

飞机上的物品不要随意取拿,设备也不要乱摸乱动。如果有特别需要就按座位旁边的按钮呼叫乘务员,不要在机舱内大呼小叫。接受乘务员服务应致谢。在飞机上进餐时,主动将座椅椅背调至正常位置,以免影响后排乘客进餐。

保持舱内卫生清洁,因晕机呕吐时,应使用机上专用呕吐袋。飞行过程中,尽量不要脱下鞋子,以免异味影响他人;如果是长途飞行,脱下鞋后应在外面再罩上护袜。机上读物阅读后整齐放入面前插袋。

遇到飞机误点或改降、迫降时不要紧张,更不能向空乘人员发火,对待他们要怀着尊重与感激。飞机出现故障或者延误并不是由他们造成的,他们在尽力地为你服务,无论什么事情给你带来不便,请恭敬地询问并且为得到的帮助而表示感谢。

停机后,带好随身携带的物品,按次序下飞机,不要抢先出门。

4.旅行礼仪

近些年来,随着人们物质和文化生活水平的不断提高,消费观念的转变,旅游越来越成为大众喜欢的活动项目。要成为一个文明有礼的旅游观光者,就应懂得些旅游中的行为举止礼仪。

做好出行前的准备。预先了解景区气候温度,带好合适的衣物、简易药物与急救用品及其他个人生活必需品。

爱护旅游景点地区的公共设施。具体地说,旅游景点内大到公共建筑设施和文物古迹,小到花草树木,都须珍惜和爱护,不能随意破坏。另外还要特别注意爱护那些亭廊水榭等建筑物,不要用脚去踩,以免把鞋印留在上面。不要为了抄近路而翻越围墙、栏杆、篱笆。在柱、墙、碑等建筑物上，不能乱写、乱画、乱刻，"某某到此一游"是最不讲旅游礼仪的一个表现。在风景区，不要用棍棒捅逗或用东西投掷动物取乐。

保持风景区的优雅环境和清洁的卫生。进入旅游观光区，不可高声喧哗，更不要随处嬉笑打闹，不可随地便溺，不可随意将果皮纸屑、杂物弃置在地上或抛入水池中，影响观赏和卫生。如果和亲友在野外聚餐，要将垃圾收拾干净，附近若没有垃圾桶也不可随便丢弃。

遵守景区相关规定，如不在景区禁止拍照的地方照相等；注意人身和财产安全，注意景区内的危险地带、场景和危险动物，观察景区提示，不要入夜仍滞留景区，以免受不法之徒侵害；景区人多时，排队有序，不拥挤，防踩踏。

尊重当地民俗风情，特别是少数民族的风俗。许多少数民族的旅游景区有他们独特的风俗习惯，游客在不知道不了解的情况下，不要随意去评说、做一些无知的行为。

在旅途和观光过程中要多关心他人，尽量少给别人添麻烦。在游览、拍照过程中若是游客较多应礼让。拍照时不要长时间占用景点，穿过别人拍照地点时，应先示意或是等别人拍完后再通过。

要多为他人着想，多为别人提供方便。如途经曲径小路或狭窄的小桥时，要主动为老弱妇孺游客让道，不要抢行。不要自管自地躺在长椅上休息睡觉，也不要用脚踩踏凳面。见到老、弱、病、残、孕妇或怀抱小孩者，应主动让座或请人入座。还要注意在划船时不要故意去碰撞别的游船，也不可把水溅到其他船上的人身上。带孩子到儿童乐园去玩耍时，不可让自己的孩子长时间独占游乐场里的设施，作为大人，当然更不应该去占用供孩子游乐的设施。

年轻情侣在旅游观光时，还应特别注意自己的举止行为是否得体。

要热情有度,行为举止要合乎我国的风俗习惯和大众审美标准,不可在大庭广众之下过分亲昵,以免被人认为无礼。

跟团旅行时,要挑选有信誉的旅行社,注意不要加入非法的黑旅行团、聘请黑导游。要严格遵守旅游团规定的时间,不要迟到,以免耽误别人的时间,给团队其他游客带来麻烦。游览过程中要跟紧导游,要遵守导游强调的注意事项,以免发生意外。

出国旅行更要注意礼仪。我们谁都不希望在外国旅行时听到对中国游客不好的评价,一些海外景点打出的中文警示真是让人痛心而脸红,这就需要我们每个出国的人都从个人礼仪做起,认真维护和树立对外的良好形象。

在出国旅行前,了解一些涉外基本礼仪十分有必要。涉外礼仪古已有之,《礼记·曲礼上》记载:"入境而问禁,入国而问俗,入门而问讳。"境,就是别人的领地,入国指进城,门就是别人家府上。任何一个国家、任何一个地方都有禁忌规俗,都有常规通行的做法,到了当地应认真了解并遵照执行。

入乡随俗是涉外礼仪中一条很重要的原则。出国或接触外宾时,都要尊重对方的风俗习惯与礼节。每到一个国家,都要事先了解该国的礼俗,即使相当熟悉的友人,也应注意基本礼仪。在交谈中相互尊重,不能不拘小节或超过限度。简单说来,要做到"五不问":一不问年龄,二不问婚否,三不问去向,四不问收入,五不问住址。另外还要注意不卑不亢,平等交往,实事求是,不过谦,不说过头话。

中国游客出国礼仪虽然比过去好很多,但一些细节上的问题依然存在。其中在公共场合大声喧哗是一个最大的问题,国外很多公共场所,虽然每天游人如织,但大家都保持着相对较低的语音语调,以免破坏周围的氛围。我们出国旅行，一定要注意消灭以下几个陋习：

脏。一些游客缺乏最起码的公德心，不注意公共卫生，所到之处留下垃圾无数。

吵。一些游客在飞机上、车船上、餐厅，甚至在酒店大开着房门，毫无顾忌地大声喧哗。

抢。一些游客排队意识差，不愿遵守秩序，任意抢占资源。

粗。在一些游客身上，看不到他对别人最起码的尊重及礼仪。如，问完路连句"谢谢"也不说就转身走了。

俗。一些游客在公共场合，旁若无人地脱了鞋，赤脚踩椅子，或盘腿而坐。

差。不协调，有落差之意。不注意举止细节，有些人穿睡衣出入酒店门口。

野。一些游客火气特别大，一言不合就打架，不是恶语伤人就是拳脚相加。

出国在外，一定要牢记，从踏出国门的那一刻起，我们的名字就叫"中国人"，我们来自礼仪之邦，代表的是中国的形象。

第四章　传统礼俗，不可不知

中华民族作为一个礼仪文化极其发达的民族，拥有从出生礼、成年礼、婚礼到葬礼的完整的生命礼仪体系。中华生命礼仪饱含了中华人文特色，有喜气洋洋的出生礼，有"冠"与"笄"的成年礼，有宁静优美的婚礼，有庄重安详的葬礼。

一、诞生之礼

人的诞生，俗称"生口"。婴儿降生，是人生的开始，也是人生的大事、喜事，家人欢欣，亲朋相贺。沉浸在喜悦之中的大人们为了表达对新生命的爱意与祝福，就以各种仪式来为孩子祈福，这就是出生礼。

汉族传统的出生礼，因地域之别而具有不同的风貌和表现形式，但总的来看，大都包含了出生、三朝、满月、百日、周岁五种主要礼俗。

1.出生礼

婴儿降生的第一项礼仪活动便是报喜，向亲戚朋友邻居以及宗祠报喜。由于受古代重男轻女观念的影响，早在先秦时就有了弄璋、弄瓦之说。璋是古代贵族所用的玉器，代表男孩，预示所生的男孩长大后能执玉器为王侯，所以生男孩就叫弄璋之喜；瓦是古代女子纺织用的纺砖，代表女孩，所以生女孩又叫弄瓦之喜。

报喜时，还要在门口悬挂婴儿诞生的标志，以在一定范围内起到报喜的作用，同时防止不知情者贸然闯入，提醒一些特殊人物如孕妇、服孝者等自行回避。这个标志还能让人一看就知男女。《礼记·内则》说："子生，男子设弧于门左，女子设帨于门右。"弧是弓，弓是武士的象征，代表男性；帨是佩巾，代表女性。今天农村有不少地方仍然保留这种传统。

2.三朝礼

三朝，是指婴儿出生到第三天。婴儿诞生后，虽有报喜等礼俗，但都不触及婴儿。等到第三天，就会举行正式的仪式来庆贺新生命的到来。届时亲朋好友带着贺礼前来道喜，主人设宴款待，并馈赠鸡蛋、红糖、小孩衣物等礼物祝贺。因"蛋"与"诞"谐音，象征着新生与希望，所以将蛋染成红色，称为"红蛋"或"喜蛋"，借以向亲友"报喜"。这一天还要对新生儿举行几种仪式。主要有落脐和炙囟、开奶、洗三等仪式，其中"洗三"也叫"三朝洗儿"，是古代诞生礼中最重要的一个仪式。三朝礼是为新生儿祈福，希望能得到神明的庇佑及大家的期许，平平安安地长大。

3.满月礼

古人认为婴儿出生后存活一个月就是度过了一个难关，这是值得庆贺的事情，所以主人要举行满月礼仪式，邀请亲朋好友来喝满月酒，共同为孩子祈祷祝福，祝愿新生儿健康成长。婴儿满月这天，主家要大摆宴席，款待亲朋。来宾都要送贺礼，包括童衣、被、长命锁、手镯、脚镯、压胜钱等。镯子一定要送活口的，否则不吉利。

据《东京梦华录》记载，宋朝小儿满月时，主家在盆中烧了香汤，亲友就撒钱在汤中，称"添盆"。这是一种独具特色的馈赠仪式。满月时还有剃胎发、出门游走等仪俗。剃胎发是满月礼中的一项重要仪俗，多由舅舅主持，据说是母系社会人际关系的某种遗留。剃头时额顶要留"聪明发"，脑后要蓄"撑根发"，眉毛则要全部剃光。剃下的头发还要收藏好。今天制作胎毛笔就是这种习俗的延续。

满月游走也叫满月逛街，是一种为婴儿祈求吉祥的活动。据《东京梦华录》记载，宋代在满月礼落胎发之后，便"抱牙儿入他人房"，一般是由外婆或舅舅抱去礼节性地小住，谓之移窠或挪窝，目的是让婴儿象征性地见见世面，以便将来能有出息、有胆识，成为一个精明能干的人。

4.百日礼

婴儿出生第100天举行庆祝仪式，预祝婴儿无病无灾、长命百岁。也叫过百岁、百晬、晬。宋孟元老《东京梦华录》、明沈榜《宛署杂记》中都有记载。

这一天，所有的亲朋好友都被请来参加宴会。来宾自然也要携带礼物，还要给婴儿红包（礼钱）。在中国，百有圆满、完全的意义，所以百日礼多在"百"字上做文章，希望婴儿能托百家之福、消灾避难，其中最有特色的就是百家衣和百家锁。

"百家衣"，又称"百岁衣""百衲衣"，是用各种颜色的碎布块缝制而成的，形状很像僧衲。这些布料不一定非得从一百户人家讨得，只是要求所敛布头的人家越多越好，布的颜色越杂越佳。花布中唯有紫色最难讨换，因为"紫"的谐音为"子"，人们不愿把子送人。百家锁，也是一种集百家之金银打制而成，或由多家合送的象征物，锁上多有"长命百岁""长命富贵"等祝福吉祥的文字或图案,所以也叫长命锁。

百日庆贺的习俗延续至今,庆贺的内容和形式虽有变化,但许多地区还保留喝百日酒、穿百家衣、拍百日照等传统。

5.周岁礼

新生儿满一周岁时,行周岁礼。这是诞生礼的最后一个环节,也是寿礼(生日礼)的开始。它与产儿报喜、三朝洗儿、满月礼、百日礼同属于诞生礼仪,同时它又是第一个生日纪念日,所以庆祝形式相对隆重。它代表着人们对生命延续、顺利和兴旺的祝愿,也反映了父母对子女的舐犊情深,是一种具有家庭游戏性质,具有人伦特点、以育儿为追求的信仰风俗。

参加周岁礼时,所送的礼品多为衣服鞋帽,其中鞋子是必不可少的,因为此时孩子已能蹒跚行走了。旧时送虎头鞋的最多,据说穿上虎头鞋,小孩就能壮胆辟邪,安全成长。

周岁礼中流行最为广泛的当属"抓周"仪式,又叫"试儿""试晬""试周"等,通常在婴儿满周岁这天进行,讲究一些的人家在床(炕)前陈设大案,上摆印章、儒释道三教的经书、笔、墨、纸、砚、算盘、钱币、账册、首饰、花朵、胭脂、吃食、玩具等物品,由大人将小孩抱来,令其端坐,不予任何诱导,任其挑选,视其先抓何物,后抓何物。"观其发意所取,以验贪廉愚智"(《颜氏家训》)。根据婴儿抓取的结果,判断和预卜婴儿心性特点,以此来测卜其志趣、前途和将要从事的职业。

据说,钱钟书的名字就是"抓周"抓出来的。他周岁时,家人为他按当地风俗操办了周岁礼,他在"抓周"时抓了一本书,于是其父钱基博就给他取名为"钟书"。今天,抓周这种习俗,不但没有被丢弃,反而被越来越多的家庭所重视,许多地方还有组织地集体举行抓周活动,人们并不是迷信,但就是很喜欢这个习俗,这说明"抓周"的结果,多少也从客观上反映着孩子的性情志向等特点,这大概就是"抓周"这一习俗得以持久在民间流传的原因之一吧。

二、入学之礼

在中国古代,新生入学备受重视,要举行隆重的开学仪式,即入学礼。古人将入学礼与成人礼、婚礼、葬礼视为人生的四大礼仪。根据《礼记》和《弟子规》中的相关记载而流传下来的开学仪式,历经千年而未改,渐渐形成了传统社会的"入学礼",其中包括很多环节,朝代不同,地区不同,内容也不尽相同,通常包括正衣冠、行拜师礼、净手净心、朱砂开智等内容和环节。

1.正衣冠

"礼义之始,在于正容体,齐颜色,顺辞令。"(《礼记·曲礼上》)因此,古代开学仪式的第一课即是"正衣冠"。古人认为:"先正衣冠,后明事理。"让学生注重自己的仪容整洁,是首先要上的第一课。入学时,学童们要一一站立,由先生依次帮学生整理好衣冠,然后,学生们整齐地排着队到学堂前集合,恭立片刻后,才能在先生的带领下进入学堂。在古人看来,学堂是传道授业之所,是精神殿堂,是一个神圣的地方,衣冠不整是不能进入的。"先正衣冠,后明事理",这是儿童知书明理的人生第一步。

2.行拜师礼

步入学堂后,先要举行拜师礼。古人重教,"老师"这个身份在古人心目中的地位很高,日常与父母、君王甚至天地相提并论,学生、家庭,乃至全社会都以尊师为荣。拜师礼有固定而严格的程序,学生在拜师之前先要叩拜至圣先师孔子的神位,叩拜时双膝跪地,行三拜九叩大礼,然后才能拜先生,礼仪是三叩首。

入学拜见先生之前,学生要为先生准备"六礼束脩",即古代行拜师礼时弟子赠与先生的六种礼物,相当于今天的学费。古代的学费是没有定额的,一般根据自家情况自由奉送,通常包括六种物品,分别是:芹菜:寓意为勤奋好学,业精于勤;莲子:莲子心苦,寓意苦心教育;红豆:寓意红运高照;红枣:寓意早早高中;桂圆:寓意功德圆满;束脩即干瘦肉条:表达弟子心意。"束脩"二字,历来解释不同,后人多理解为"十条干肉"。束脩在春秋以前就存在了,《论语·述而》中记录孔子说:"自行束脩以上,吾未尝无诲焉。"朱熹认为"束脩其至薄者",意思是这十条腊肉不算什么厚礼,即使一般穷苦人家,稍作努力,还是应该拿得出这个见面礼,不然,孔门就不会有那么多出身寒门、生平寒微的穷学生,如颜回、子路、卜商、冉求等。

拜见先生时,学生着青衿学服,携带着"六礼束脩"去学校,来到校门后,先站立在门外,先生则站在学堂的台阶上,派人出门询问学生的来由,学生稍稍向前,说明自己前来拜师求学的意愿,先生闻后,谦称自己无德,恐将误人子弟,学生则再次表示从师的决心,并请求先生能够赐见、收留自己,先生见学生态度坚决,无法推辞,才命人请学生入门。学生面对先生站立,待先生走下台阶,立刻行跪拜礼,先生回拜答礼后,学生便将礼品取出,摆放在先生面前,请他收下,先生答应收下,实际也就是表示同意收留这名学生入学,从此他与先生正式建立起师生关系。这种礼节,看上去似乎很繁琐,但它恰恰体现了师生之间以礼相待和谦逊文明的融洽关系。学生自入门之始,即接受尊师的礼仪教育,即使是皇太子也不例外。按照礼仪的规定,皇太子初入学门,拜见博士时,所携礼品、所着服饰、与博士的问答以及最后的拜礼,和州、县学的束脩礼是完全相同的(参见《通典》礼七十七、八十一)。这也说明,尊师重教在中国古代一直受到社会各阶层的普遍重视。

3.净手净心

行过拜师礼之后,学生要按先生的要求,将手放到水盆中"净手"。"净手"的洗法是正反各洗一次,然后擦干。洗手的寓意在于净手净心,去杂存精,希望能在日后的学习中专心致志、心无旁骛。

4.行开笔礼

这是入学礼中最后一道程序,包括朱砂开智、击鼓明智、描红开笔等。"朱砂开智"就是先生手持蘸有朱砂的毛笔,在学生的眉心处点上一个像"痣"一样的红点,"痣"与"智"谐音,寓意儿童开启智慧,此后目明心亮,学习一点就通。"击鼓明智"来源于《礼记·学记》:"入学鼓箧,孙其业也。"意在通过击鼓声警示,引起学生对读书的重视。"描红开笔"就是学生在先生的指导下,学写人生的第一个字,这个字往往笔画简单,却蕴含着深刻的含义。

另外,家长在孩子入学前要做一些准备工作,为孩子准备入学所需用品,如桌椅、文房四宝等。当然,富裕的人家会准备更为丰富的用品,如《红楼梦》中贾宝玉入学时,除了文房四宝,还备了茶壶盖碗、手炉脚炉,更有四个小书童和几个年纪较大的仆人伺候,排场十足。另外还需筹备祭拜先师圣人用的祭品。西周时期,祭品一般为芹、藻(寓意勤奋与早起)等普通菜肴,后来逐渐演变成为猪、牛、羊等肉食供品。

以上是入学礼的基本程序。入学礼完成后,标志着学生已经正式拜在先生门下,从此踏上漫漫求学之路。如此繁复、隆重的入学礼仪体现了古时尊师重教的社会风气,这一点对当今社会有一定的启迪意义。

三、冠笄之礼

古代男子成年要举行"冠礼",女子成年要举行"笄礼",冠礼与笄礼是我国传统的成人礼仪,是中华民族重要的人文遗产。

周代时,男子冠礼、女子笄礼作为制度被确定下来,拥有相对固定和完整的一整套仪式。在汉代,冠礼非常受重视,帝王、太子等行冠礼时常常要大赦天下,封赏百官臣民。在南北朝时期,冠礼也备受皇家重视,行礼仪式极其隆重。至唐代冠礼开始渐趋衰落,宋元明三代虽然都实行冠礼,但已经不被重视。至清代,冠礼被废止。

1.冠礼

冠礼,是为男子跨入成年而举行的加冠仪式。《礼记·冠义》中说:"冠者,礼之始也,嘉之重者也。"认为冠礼是一切礼之开始,是嘉礼中最重要的礼。《仪礼》将其列为开篇第一礼,也绝非偶然。古人为什么如此重视冠礼呢？人既成年,为什么要举行仪式呢？这样做究竟有什么意义呢？

《礼记·冠义》是这么回答的:"成人之者,将责成人礼焉也。责成人礼焉者,将责为人子、为人弟、为人臣、为人少者之礼行焉。将责四者之行于人,其礼可不重与? 故孝弟忠顺之行立,而后可以为人,可以为人,而后可以治人也,故圣王重礼。"就是说,行冠(弁)礼之后,你就成人了,由家庭中毫无责任的"孺子"转变为拥有一定社会权利的成年人,可以婚娶、祭祀、参政等,此后要按照成人礼要求自己,履践孝、悌、忠、顺的德行,才能担负起责任,才能成为合格的儿女、合格的弟弟妹妹、合格的臣下、合格的晚辈,才可以称得上是人,也才有资格踏入社会。所以说,冠礼就是"以成人之礼来要求人的礼仪"。

冠礼如此重要,当然要由特别的仪式来体现。这些礼法仪式经过各朝代的发展,后世发生了很多的变化,但是核心的内容没有变,基本的程序没有变,最重要的是,它强调成年男子对家庭和社会之责任的核心宗旨没有改变。

冠礼在宗庙内举行,日期为二月。举行冠礼前十天内,受冠者要先占卜求个黄道吉日,然后将吉日告知亲友。冠礼前三日,再用筮法选择主持冠礼的大宾(通常不选家长,而选乡中有德行者),并选一位"赞冠"者协助冠礼仪式。

行礼时,主人(一般是受冠者之父)、大宾及受冠者都穿礼服。正宾为冠者加冠三次,一次比一次尊贵,先加缁布冠,次授以皮弁,最后授以爵弁。所谓"三加弥尊,谕其志也"(《礼记·冠义》),寓意冠者的德行能与日俱增。

每次加冠毕,皆由大宾对受冠者读祝辞。冠礼祝辞华丽而庄严,《仪礼·士冠礼》记载:"始加,祝曰:'令月吉日,始加元服,弃尔幼字,顺尔成德。寿考惟祺,介尔景福。' 再加,曰:'吉月令辰,乃申尔服,敬尔威仪,淑慎尔德。眉寿万年,永受胡福。' 三加,曰:'以岁之正,以月之令。咸加尔服。兄弟具在，以成厥德，黄耇无疆，受天之庆。"第一次加冠时，祝辞说：良月吉日，开始为你加冠。丢掉你的童稚之心，慎养你的成人之德。愿你长寿吉祥，广增洪福。再次加冠时，祝辞说：吉月良辰，再次为你加冠。恭敬保持你的威仪，好好慎养你内在的德行，愿你长寿万年，永受洪福。第三次加冠时，祝辞说：在这吉岁美月，把成人的三种冠都加给了你。亲人们都到场，来成就你成人的美德。愿你万寿无疆，受天之赐。

加冠之后，由正宾为冠者取一个便于称呼的表字，《礼记·檀弓》："幼名，冠字"，古代人出生后先起名，到成人行冠礼时加字，合称"名字"。为了表示敬重父母所取的名，古人不直接称呼别人的名，所谓"冠而字之，敬其名也"（《仪礼·士冠礼》）。正宾为冠者取字也有严格的仪式，并致祝辞："礼仪已经齐备，在此良月吉日，宣布你的表字。你的表字无比美好，宜为英俊的男子拥有。适宜就有福佑，愿你永远保有。"

加冠后，冠者要见父母、兄弟，并去拜见一些官职较高及德高望重之人。若父亲已殁，受冠者则需向父亲神主祭祀。祭后拜见伯、叔，然后飨食。

行冠礼之后，就要开始以仪容端正、表情严肃、说话和顺等容仪来规范自己，开始遵守成人的礼仪标准，修养自身德行。

2. 笄礼

笄礼也是古代嘉礼的一种，为汉族女子的成年礼。男子二十岁行冠礼，表示已成年。同样，女子成年要行笄礼，俗称"上头""上头礼"。笄，即簪子。十五岁为始笄之年。《礼记·内则》曰："十有五年而笄。"《仪礼·士婚礼》曰："女子许嫁，笄而礼之，称字。"《礼记·杂记》又曰："女虽未许嫁，年二十而笄。"按照周制，女子在十五岁至二十岁之间，只要许嫁便可加笄、取表字。如果一直待嫁未许配于人,那么最迟在二十岁时也要行笄礼。因此,女子年十五岁被称为"及笄之年"。

笄礼的仪节,《仪礼》等文献中都没有记载,人们大多认为应当与冠礼相似。到宋代时,一些学者为了推行儒家文化,构拟了士庶女子的笄礼,司马光的《书仪》以及《朱子家礼》都有关于"笄"的专门仪式。

女子行笄礼,古代多称"上头"。受笄的女子改变幼年发式,将头发绾成一个髻,然后用一块黑布将发髻包住,随即以簪插定发髻。主行笄礼者为女性家长,由邀请的女宾为少女加笄,表示女子成年可以结婚。女子受笄后,一般要在宗室接受成人教育,授以"妇德、妇容、妇功、妇言"等,学习作为媳妇必须具备的待人接物及侍奉公婆的品德礼貌,及女红劳作等技巧本领。后世改为由少女之母申以戒辞,教之以礼,称为"教茶"。宋代时,女子"上头"多安排在清明节前两日举行。吴自牧《梦粱录》中记载:"清明交三日,节前两日谓之寒食……凡官民不论小大家,子女未冠笄者,以此日上头。"至明清时期,笄礼废而不用,不见于记载。

如同冠礼,女子在受笄之后,就可以拥有自己的表字了。今天,影视剧、小说和生活中,我们说没出嫁的女子,常常会用"待字闺中"这个词,也常听到"不字""字人"这样的词语,"不字"即还没有许嫁之意,"字人"即许配有人之意,其实,这些叫法都与笄礼的"取表字"有关。可见,对古代女子来说,结笄、取表字和婚配都是成年的标志。

虽然今天汉族原始的笄礼已不复存在,但它的影响也没有完全消逝。在民间,笄礼逐渐与婚礼合并,使婚礼有了成年礼仪的涵义,女子出嫁时理妆也被称为"上头",要请有全福的妇人为其梳成年发髻,梳妆上头,还要"修眉""开脸",都标示了成年这一意思。至今,有些地区的农村女子婚嫁时,仍将头发挽束成髻,用簪子固定,与婚前发式明显不同,这也算保留了些许笄礼的遗风。

四、婚嫁之礼

娶媳妇、嫁女儿，不是什么新鲜事儿，无论城市农村，天南海北，男女嫁娶通常都要举办婚礼。虽然各地区习俗不同，经济条件不等，婚礼内容不尽相同，但婚礼作为一项传统礼，没有像冠礼笄礼那样消失不见，而是得以传承。

今天的青年人大多对传统的中式婚礼知之甚少，没多少兴趣，传统婚礼不能说完全绝迹，但大多数青年人都喜欢举行西式婚礼。西式婚礼有其特定的西方文化背景，多数中国人并不了解穿婚纱、扔捧花的内在含义，为什么要这样做，没人理会，社会流行这个，大家都这样，我也这样，这使得婚礼失去了本来的意义，仅仅成为一种形式。

所以，是时候普及一下我们大中华的传统婚礼了。其实中国传统婚礼比起西式婚礼，文化背景更深，美好含义更多，喜气浓厚，程序热闹，更符合我们中国人自己的审美。下面我们就一起来看看喜气而庄重的中国传统婚礼仪俗吧。

婚姻，在古时叫"昏因"，婚礼也写作"昏礼"，这是为什么呢？因为那时婚礼在黄昏时分举行，男方行迎娶之礼，女方因男方而来，从此成为妇人。所以称"昏因"。

婚礼在五礼之中属嘉礼，是继冠笄礼之后的人生第二个里程碑。也是人生中最大的喜事之一，所谓"久旱逢甘雨，他乡遇故知，洞房花烛夜，金榜题名时"。那么，婚礼的意义所在呢？正如同《礼记·昏义》中说的："昏礼者，将合二姓之好，上以事宗庙，而下以继后世也，故君子重之。是以昏礼,纳采,问名,纳吉,纳征,请期,皆主人筵几于庙,而拜迎于门外。入,揖让而升,听命于庙,所以敬慎、重正昏礼也。"夫妻关系是一切人伦关系的根本,婚礼的意义就在于把两个异姓家族联系起来,结成血缘关系,向上对得起祖宗,向下血脉得以延续。家庭稳定了,国家才能繁荣,因此,"婚礼"倍受人们重视。婚礼的程序非常复杂,讲究也特别多,我们在这里略了解一二。

1.传统婚礼的起源

相传中国最早的婚姻关系和婚礼仪式从伏羲氏制嫁娶、女娲立媒约开始。《通鉴外纪》载:"上古男女无别,太昊始设嫁娶,以俪皮为礼。"从此,俪皮(成双的鹿皮)就成了经典的婚礼聘礼之一。之后,除了"俪皮之礼"之外,还得"必告父母";到了夏商,又出现了"亲迎于庭""亲迎于堂"的仪节。周代是礼仪的集大成时代,那时逐渐形成一套完整的婚姻礼仪,《仪礼》中有详细规制,整套仪式合为"六礼",六礼婚制从此成为中华传统婚礼的模板,流传至今。

2.婚姻"六礼"

传统婚礼最具代表性的当属周制婚礼,它在此后漫漫三千年里始终为中华传统婚礼之蓝本,后世历朝历代的婚礼虽然礼俗内容不尽相同,但或多或少都保留着周制婚礼的遗风。

据《仪礼·士昏礼》记载,男子行冠礼后,就可以娶妻了。娶妻要经过纳采、问名、纳吉、纳征、请期、亲迎等六个主要仪式,又叫做"六礼"。

纳采,今天我们查阅老黄历,在宜忌一栏会看到"宜纳采""不宜纳采"这样的字眼,年轻人已经很少懂得。但有句大家很熟悉的话叫"父母之言，媒妁之命"，这就是被后世称为"提亲"的"纳采"礼节。纳采，通俗点说，就是男方想和女方结亲，就请媒人去女家提亲，传达求婚的想法，女方答应后，就正式到女家纳"采择之礼"，纳采的礼物一定要用雁。纳采是全部婚姻程序的开始。后世纳采仪式基本遵循周制，礼物则有所不同。

问名，也叫"过小帖"或"合八字"。"纳采"之后是"问名"，就是由媒人询问女方的姓名、年庚以及"八字"，通过占卜、算命来看看男女双方会不会相冲相克，以及有没有其他不宜结成夫妻的地方。

纳吉，俗称"送定""过定""定聘"等。纳吉就是男方将女子的名字、八字取回后，在祖庙进行占卜，卜得吉兆后，备好礼物再到女方家，把婚约正式确定下来，相当于今天的订婚。

纳征，也叫"纳成""纳币"，俗称"彩礼""过大礼"，《礼记·士昏礼》孔颖达疏："纳征者，纳聘财也。征，成也。先纳聘财而后婚成。""纳"的意思是聘财，而"征"就是"成"的意思，即男家需要纳聘礼后才可成婚的意思。男家在纳吉之后要正式前往女家送聘礼。彩礼送什么，也是随着时代变化的，古时候多送绢帛之类，后世多为金银财宝。纳征的完成标志着订婚阶段的结束，是婚姻成立的主要标志之一。

请期：民间俗称"提日子""送日头"。男家通过占卜择定了婚期，为了表示对女家的尊重，准备好婚期吉日书和礼品到女家，请求女家指定婚期，女家谦辞说："还是请夫家决定吧。"于是，男家将已卜定的吉日告诉女家，女家受礼及同意后，便可确定婚期。

亲迎，即迎娶新娘，又叫迎亲。这是六礼中最隆重的礼节。婚姻之"六礼"，随着时代的变迁，不断变化着，但"亲迎"始终是婚礼中最重要的仪式。没有迎亲的新郎，就没有出嫁的新娘。男子一定要亲往女家迎亲这一仪节始终没有变过。

　　说起迎亲场景，在我们脑海里就会浮现出这样一种画面：新郎官披红戴花，骑着马，新媳妇头顶着红盖头晃晃悠悠坐在花轿里，后面是吹吹打打浩浩荡荡的迎亲队伍，这个画面之所以如此深刻，正是因为这一幕就是中国传统婚俗文化中最富民俗色彩的场面，今天的婚礼，已经很难看到这种场面，但迎亲的思想还是顽固地植根于每个中国人心中，即使是举办一场西式婚礼，新郎还是会亲自到新娘的府上迎亲，当然，今天不一定有马有花轿，不管用汽车还是用自行车，工具虽不同，迎亲之意却是一样的。

　　周制婚礼中的亲迎，没有后世这么多元素，男方乘大夫专用的"墨车"，再带两辆副车，到女家揖了再揖，让了再让，如此行过一番礼节之后，迎女方回家。

　　回到男家后，新郎、新娘共鼎而食，再将一瓠瓜剖为两半，夫妇各执其一，斟酒而饮，谓之"合卺"，后世改为用杯盏，这个礼俗至今还十分流行，只是换了个名字，不叫"合卺"，叫"交杯酒"。

　　"六礼"之后，婚礼还没有真正结束。第二天，新娘还要行拜见舅姑之礼。舅姑是古代对公公、婆婆的称呼。婚礼次日清晨，新娘要早早起身沐浴，穿戴整齐后，以新妇的身份正式拜见公婆，并向公婆进献一只煮熟了的小猪，这叫"妇以特豚馈，明妇顺也"（《礼记·昏义》），以示新娘开始以媳妇之礼孝敬公婆。

　　到此，一场婚礼礼节才算基本完成了。也许你们会问，我们熟悉的拜堂、闹洞房等情节为什么没有出现呢？别着急，那些都是后世慢慢演变发展才有的。周制婚礼就是这样的古朴而凝重。婚礼叫做"昏礼"，没有奢侈的聘礼，没有铺张的排场，也没有喧闹的筵席。昏礼讲究"同尊卑",为的是树立"夫妇之义",绝不是一件可以喧闹嘈杂的事。那时候的昏礼简朴干净,安静优美地在黄昏时分进行,没有后世三拜拜、挑盖头、闹洞房这些热闹事,婚服也不花哨,夫妻身着庄重的玄色礼服,"共牢而食,合卺而酳",而后携手入洞房。次日拜见舅姑,三月后告见家庙,从此,新妇正式融入夫家家族。嫁女之家三日不熄烛火,在荧荧火光中思念着远去的女儿;夫家也三日不举乐,安慰着思念双亲的新娘,整个仪式宁静安详,自有一种震撼人心的力量,散发出一种纯正而伟大的中华文明之气息。

五、丧祭之礼

1.丧葬之礼

丧葬礼俗,古称"凶礼",是人生礼仪中的最后一件大事。老话儿说"死者为大",作为人生四礼的最后一礼,丧葬礼最繁琐复杂,一来体现了人们对生命的尊重,二来也反映了人们对鬼魂的敬畏。生命无常,从古到今,人都本能地怕死,今天科学技术高度发达,死亡还是无可逃避,每个人还是无法摆脱对死亡的恐惧。所谓"人命关天","死亡"可是天大的事儿,所以死去的人是最大最尊贵的,为了表达对逝去之人的情感,同时安抚其鬼魂以避灾求福,自古以来,先民就特别重视丧葬之礼,无论帝王将相,还是普通百姓,死亡仪礼都绝不能被省略。在丧葬的过程中,人们还把对祖先的崇拜和对父母的孝道结合在一起,形成了"事死如事生"的丧葬基本原则,渐渐发展成一套内涵相当丰富、仪节极为复杂的丧葬礼仪和习俗。许多仪俗今天还在用,一起来看看传统丧葬礼仪有哪些主要仪式吧。

寿终正寝

寿终正寝，实际上说的是人们对临终场所的选择：人必须死在正处。什么地方是正处呢？《士丧礼》的第一句话就说了，"死于適室"。適室就是適寝之室，就是正寝。古代的王侯或有身份的人，都有正寝和燕寝，燕寝是平时闲居的地方，正寝在堂后，朝南，是正性情的地方，古代君子只有斋戒和疾病时才能在正寝里待着，没事总在正寝里躺着可不是个吉利的事儿，所以有"寿终正寝"之说。

古人是非常重视和讲究"寿终正寝"的。春秋时卫国大夫史鱼，向卫灵公举荐蘧伯玉，卫灵公不听，史鱼临死采用"尸谏"的办法力荐蘧伯玉。他告诉儿子："我在朝不能举荐蘧伯玉，活不能正君，死无以成礼。我死后，你不要将我的尸体'治丧正堂'，就置于窗下吧。"（古人称这种方法为"尸谏"）史鱼的儿子按照父亲的遗言去办。卫灵公前来吊唁，见到大臣史鱼的尸身竟被放置在窗下，如此轻慢不敬，就责问史鱼的儿子，史鱼的儿子于是将史鱼生前的遗命告诉了卫灵公。卫灵公心下不安，愧怍地说："这是我的过失啊。"马上让史鱼的儿子将史鱼的尸身按礼仪安放正堂，回去后便重用了蘧伯玉。史鱼尸谏得以成功，可见"寿终正寝"的严肃性和重要性，也足见人死后不能"治丧正堂"，是件多么有违礼节的事情。

所以病人临终前一定要换床，当其生命垂危之际，亲属们要把他移到正房的床（炕）上，或在正房为其安置灵床，守护他度过生命的最后时刻，这叫做"挺丧"。尽量避免在平时的床上咽最后一口气，否则会"背着炕走"，既对死者不利，也使生者不安。旧时穷苦人家买不起灵床，会将大门板卸下来，支上两条板凳，充当灵床。换床时还有很多讲究和禁忌。在"挺丧"期间，子女要服侍在侧，并与家中长辈一起商量料理后事,准备丧礼事宜。

在病人弥留时刻,亲属要先为其净身沐浴,然后给他穿戴好内外新衣,即"寿衣",寿衣的用料与制作有很多的讲究和忌讳。

招魂

在换床和沐浴更衣之后,要判断病人是否断气,即"属纩以俟绝气"(《礼记·丧大记》),"纩"是一种极其轻薄的丝絮,把它放在病人的口鼻上,只要一息尚存,纩就会飘动,如果纩纹丝不动,就表示病人已经气绝了。

"属纩"之后,如果病人已经咽气,亲人们表示不能接受这一事实,要为其举行"招魂"仪式,希望亡人能死而复生。古人相信灵魂的存在,认为人刚咽气的时候,灵魂离开体魄还不太远,大声呼喊,或许可以让灵魂回复于体魄之中,使人醒转过来,所以,丧礼中把招魂的仪节称为"复"。《礼记·檀弓》中说:"复,尽爱之道也。"招魂所体现的,正是人们不愿接受亲人的离世而努力挽回的一种关爱之举。

接下来还要进行饭含仪式,在死者口中放入米或贝,这叫做"饭含"。这是为了让亲人身后也能得到奉养,不让其饿着肚子到阴间去受罪,而成为饿死鬼。

报丧

不论什么民族,什么家庭,有人去世,总要用不同的方式将死者去世的消息通知亲友,这叫"报丧"。当今,国家领导人逝世向国内外发"讣告",一些知名人士去世在报纸上发"讣闻",都属于报丧的仪节,是古代丧礼的遗风。

不同的地方有不同的报丧方式。有的地方，死了人的家中拿白纸扎成旗帜立在门前作为报丧的信号。北方有些地区，在门外悬挂纸条报丧。在江浙一带，报丧习俗是用伞来暗示的，报丧的人带着一把伞去，伞头朝上柄朝下放在门外，来表示凶信。

凭着物件就可以心照不宣地明白来人是报丧的，这种报丧方法还是很实用的。过去，相传有个村里一户人家死了人，差人去给外地亲戚报丧，出殡那天却不见亲戚到来，管事的就问报丧的人怎么回事，这人红着脸说，去了之后，那家听说是亲戚村的人来了，就又是酒又是菜好吃好喝的招待，他就没好意思说报丧的事。"没好意思说"，后来成了村里的笑柄。如果他身上带有明显的报丧标识，也许就不会出现不好意思报丧这种事了。

吊唁

吊唁是指亲友接到讣告后上门表示哀悼并慰问死者家属，也叫"吊孝""吊丧""拜祭"等。吊唁要送礼金和挽联之类的东西，这是与死者告别，表达内心情感的最后机会。死者家属要哭尸于室，对前来吊唁的人跪拜答谢并迎送如礼。《颜氏家训·风操》中记载，南北朝时期在江南地区，同在一个城区里居住的好朋友，接到报丧消息，三日之内还不去吊唁的，丧家就会与之绝交，以后在街上相遇也会避道而走。这是因为"怨其不己悯也"，你连基本同情心都没有，还做什么朋友呢。如果有特殊情况或路太远不能赶到，可以写信致哀并说明情况，"无书亦如之"，连书信都不写的，也一样绝交。

对于什么情况下应该前去吊唁，什么情况下不需要去吊唁，《礼记·曲礼上》说得很明白："生与来日，死与往日。知生者吊，知死者伤。

知生而不知死,吊而不伤;知死而不知生,伤而不吊。"说白了就是,如果你认识死者亲属但不认识死者,那就去吊唁但不必过于难过;如果你只认识死者但不认识死者亲属,那就不必去吊唁,只在心中默默难过就好。

如今,吊唁仪式已经大大简化了,主要是举行遗体告别仪式和开追悼会。前来吊唁的人身着素装,佩戴白花和黑纱,在忧戚的哀乐声中,一一向遗体鞠躬致哀,而后再绕遗体一周瞻仰遗容。吊唁的人可以向死者的主要亲属说些简短的劝慰的话,如"请多保重""望您节哀""要注意身体"等,劝慰丧家节哀顺变,保重身体。

入殓

入殓实际上就是把死者按丧礼习俗收拾妥当后移入棺木的仪式,有小殓和大殓之分。

小殓是死后第二天中最重要的仪式,主要内容是为死者穿衣、加衾,地点仍是在適室之中。实际上,这时已为死者穿过寿衣了,所以,小殓的所谓穿衣,就是将衣服裹在尸袋上下,用布带捆扎结实。然后将尸体安放在堂上,用夷衾覆盖尸体,等待大殓。

大殓是指将尸体入棺的仪式,民间俗称"归大屋"。亡人的遗体被正式殓入棺内,亡人生前的用品和亲人们送的随葬品等物品,都在这时放入棺内,富裕的人家可能用内棺和放置随葬品的外棺两层。然后盖上棺盖,钉上钉子封棺,所谓"盖棺定论",这就意味着死者与亲人就此阴阳两隔,再也不能见面了,所以大殓仪式非常隆重。此时是亲属与亡人遗体最后告别的时刻,大家都要不停地号哭,以示悲痛至极。全体亲属都要到齐,特别是直系亲属必须在场,即使远在千里之外,也要在大殓之前赶回来。

盖棺后,入殓的仪式基本结束,然后等待下葬。下葬并不是在大殓后立即举行的,大殓后要将棺椁停放在宗庙一段时间(后世则为停放在寺庙里超度)。在停放的这段时间内,要选择墓地,占卜落葬的吉日。停柩的这段时间,叫做"殡"。

服丧

传统丧礼中,为了表示对死者的孝意及哀悼,亲人要戴孝,穿专门的孝服,这叫做"服丧"。《仪礼·士丧礼》中记载:"三日,成服。"第三天,丧主与亲属开始正式穿戴丧服。丧服可是绝对不能乱穿的,必须按照丧服制度的规定,"遵礼成服"。

《仪礼·丧服》中记载,服丧者要按照与死者关系的亲疏远近,分别穿不同级别的丧服,共有五个级别,称为"五服",由近到远依次是:斩衰、齐衰、大功、小功、缌麻。丧服不同,服丧期的长短也不同。为体现差别,这五种丧服的面料、样式和做法都不相同,简单说来,关系越近,丧服越重,用料越粗糙,缝制越简单。试想一下,至亲去世了,还穿着华丽、涂脂抹粉,显然是不合乎人之常情的,这也正是"礼从宜"的又一体现。

如今,传统丧服制度也许只有在书本典籍中才能见到了。有些农村传统丧葬习俗保留得较多,偶尔还会见到孝子"披麻戴孝"的场景。今大丧葬习俗大多受到西方的影响,通常是在告别死者、悼念亡魂时,穿黑色礼服,左胸别一朵小黄花,左臂围一块黑纱,很难从中看到传统丧服的影子,不变的也许只有服丧的理念了。

服丧制度并不仅仅体现在"五服"上,古人还非常看重人在服丧期间的表现,在服丧期间有诸多原则要坚守,有些事情是绝不能干的。

首当其冲的一条重要原则,就是你得难过,面带戚容,不能面带笑容。"礼,与其奢也,宁俭;丧,与其易也,宁戚。"(《论语·八佾》)礼仪,与其奢侈不如俭朴;丧事,与其治办周备,不如内心真正哀伤。《左传》襄公三十一年记载,鲁襄公死后,鲁昭公即位,在服丧期间表现出"居丧而不哀,在戚而有嘉容",本应哀戚,却呈喜色,大臣因此反对他继位,在安葬襄公之日,他又"三易衰,衰衽如故衰",总把丧服弄脏,连换好几次,衣襟还是跟旧的一样,"君子是以知其不能终也",从他在丧期的表现,就可以断定他不得善终。

丧礼制度本就是出于人情、为体现内心悲伤而制定的,在服丧期间,应该自然地怀想亡人生前种种,为失去至亲而哀伤不已,怎能有心情去花天酒地、跳舞唱歌、男欢女爱呢? 所以,在古代社会,凡是居丧期间有饮酒作乐、结婚生儿子等行为的,都会被认为丧失人性、禽兽不如,为人所不齿。即使在今天,"临丧不哀"也仍然是十分悖礼悖德的行为。可见,不管礼之仪节随着时代如何变化,礼符合人之常情的本质是亘古不变的。

出殡

出殡,就是把灵柩从家里抬到埋葬地的一套仪式,也叫"出丧""发引",俗称为"送葬"。"出殡"历来是丧俗中的大礼,在老人眼里,这家阔不阔,儿女孝不孝以及社会地位高低,看出殡的规模便可知道。人们把出殡的隆重与否不仅看成是死者的哀荣,也看成是生者的显赫。

出殡仪式当中又包括很多复杂的仪节,如祭奠、扫棺、掀馆、摔盆、辞灵等。起灵前,要将棺木的材头钉钉死,钉时,孝子要喊"躲钉",死者家人要用扫帚、细布等轻扫、轻拭棺材,谓之"扫材土"。起灵时要放鞭炮,摔盆等等。出殡开始的标志是孝子将一个瓦盆摔碎,称为"摔盆儿"。

送殡队伍启程后,通常由孝子打着"引魂幡"走在灵柩前面,有乐队吹打,丧主和亲属们跟在后面号哭,出殡序列十分严格,不能错位。送殡的队伍中有专人负责抛洒纸钱,这叫"撒路钱",在经过的一些特殊地方如路口、河边、城门、桥梁等,要用力将纸钱高高扬起,于空中纷扬,目的是打点孤魂野鬼,不要难为死者,使其能尽早到达"乐土"。这样一路将灵柩抬到埋葬地,出殡仪式就算结束了。

哭丧

哭丧是我国传统丧葬礼俗的一大特色。哭丧仪式贯穿在于丧葬礼的始终,哭的位置也有详细的规定,与丧服等级相称,不能乱作一团。哭的方式受礼制的限制,如哭踊、代哭、朝夕哭等,总之不能随便哭。

之所以要有这些礼制限制,是为了防止丧家悲伤过度。在大殓之前还有"代哭"的规定,"代"是轮流更替的意思,代哭就是亲属轮流哀哭,这样既可以使哭声不绝,同时还可能保护大家身心。大殓之后,哀痛之情稍止,亲属们每天只要在一早一晚两个固定时间里号哭就可以了,不必再代哭,这叫"朝夕哭"。

哭丧还有很多讲究,其中以出殡时的哭丧仪式最隆重,最受重视。出殡的时候必须有全体后代尤其是男人们"唱哭",否则按照民间旧俗就会被视为不孝。为了求得孝之美名,孝子贤孙们确实也颇费了一番心机,花钱请人替哭便是历代有钱人家孝子贤孙的惯用手法,有些地方甚至出现了职业性的哭丧夫或哭丧妇,收入不菲。

出殡结束后,亲属们从墓地返回,还有个"反哭"仪式。亡人永远地故去了,亲人们回来,入门也不见,上堂也不见,入室仍然不见,永远不可能再见了,亲人们触景生情,所以"哭泣辟踊,尽哀而止"(《礼记·问丧》),这是反哭的仪节。

下葬

经过上述仪式之后,最后的环节就是下葬。这是死者停留在世间的最后时刻了,一般都非常郑重其事。

由于各个民族所处的生存环境不同等原因,形成了很多不同的下葬风俗仪式。下葬仪式反映了人们对灵魂的崇拜。汉族主要是土葬。墓地是死者的最终归宿,所以墓地的选择是埋葬死者的头等大事。墓地要选在地势宽广、山清水秀的地方,找出生气凝结的吉穴,从而可以使死者安息地下,庇佑子孙。

具体的下葬仪式也是非常繁琐的。先选好下葬的时间,这是有讲究的,必须是太阳落山灵柩落土。在祭祀墓穴之后,缓缓将灵柩降入墓穴,四平八稳之后,亲属们抓起泥土扔到灵柩上,这叫"添土"。灵柩下去之后,先要盖一层薄土,再把墓穴里扫出来的土撒在上面,之后要放上一只碗,叫做"衣饭碗"。这样做是为了以后迁坟的时候动作轻些,免得惊动亡灵,招来不幸。最后往墓穴中填土、夯实。

下葬后,一般都要在坟前立一个刻有碑文的长方形石质墓碑。在坟前将纸钱、扎彩一并焚烧,就可离开坟地了。这时须将所穿孝服撕开一个口子,意为"活口",以取吉利。

民间的习俗认为,人死后的灵魂随时可能从坟墓里跑出来,跟着活人回家,所以下葬的人必须绕墓转三圈,在回家的路上也严禁回头探视,否则看见死者的灵魂在阴间的踪迹,对双方都是不利的。实际上这也是一种节哀的措施,不然死者的亲人不停地回头观望,总也不舍得离开,是很难劝说的。

圆坟

圆坟，是一种祭奠形式，在下葬后第三天举行，家属都要到坟前行圆坟礼，为坟培土。上古时代流行"墓而不坟"，墓地上没有隆起的封土，即今天的坟头。据《礼记·檀弓》记载，最早在坟上堆土为冢的是孔子。孔子早年丧父，之后母亲去世，于是孔子将父母合葬在一个叫"防"的地方，为了准确标记墓的位置，以便凭吊，便在墓地上堆起了四尺高的封土。这是文献所见的最早的坟头。

圆坟仪式首先就是为新坟培土，把坟丘加高，堆实，然后，在亡者的碑前烧纸钱、摆上祭品，并由死者孙子、孙女（童男童女）绕坟正转三圈反转三圈，谓之"开门"。人们认为开门后便可以和死者交流感情、叙述衷肠，死者也可接到晚辈们的祭奠和送去的金钱、食物等，在阴间生活富足，不愁没钱花。

圆坟后，丧礼基本结束，但在葬后三七、五七、七七、六十日时均设祭。五七时，必须由孝子亲手焚烧纸糊的彩人，据说以此可减轻死者生前罪过。六十日焚烧纸糊的船轿，传说可使死者的灵魂渡过混河。除此，在死者的诞日、祭日（一周年不得去上坟）和清明节等，晚辈再到坟前祭奠。其他祭祀活动几乎都在家中之灵牌前进行。

守丧

守丧，也叫"居丧""丁忧"或"值丧"，是人们为了表达对死者的哀悼之情而形成的一套礼制，涉及饮食、居处、哭泣、容体、言语、衣服、丧期等。古代讲究"以孝治天下"，守丧的态度更能看出一个人孝心如何。即使是做官的人，父母去世后，也要回乡守孝，如果官员不回乡守孝，或在丁忧期间，有嫁娶、生子、分家、作乐等行为，都被视为不孝，都会受到弹劾或处分,严重者甚至会永不录用。

《仪礼·丧服》中规定子为父母、妻为夫、臣为君的丧期为三年。实际上是服孝三期,每期九个月,共二十七个月。为什么要有三年之丧呢? 原因其实很简单,最基本的一个理由就是"子生三年,然后免于父母之怀"(《论语·阳货》),人生下来三年才能脱离父母的怀抱,父母离世,是人间至痛,孝子难抑哀戚之情,是以有三年之丧,这是对于父母怀抱了我们三年,把我们抚养长大的一点点回报,是人之常情的表达。假如父母去世,子女却无动于衷,心安理得地去享乐,我们还能说他有仁爱之心吗? 把父母去世都不当一回事的人,还能有淳朴之心吗? 因此,三年之丧,不是为了守丧而守丧,而是有其独特意义。

当然,制定守丧之礼的最初动机之一,是劝孝子节哀的,不是强迫不愿守孝的人装样子的。子曰:"丧不过三年,示民有终也。"(《孝经·丧亲》)就是告诫守丧者三年之后应恢复常人的生活,并非以无休止的悲伤为孝道。

孔子死后,众弟子云集他的墓前为老师守丧三年,然后相继离去,而子贡独不忍离去,就在孔子墓旁结庐而居,共守墓六年。后人为纪念此事,在孔子墓西建屋三间,立碑一座,题为"子贡庐墓处"。

除了丧期有制,居丧期间的行为也要处处注意。《礼记》对三年丧期内的守丧行为在容体、声音、言语、饮食、衣服、居处等等几乎生活的一切方面都制定了很具体的标准,如丧期内不得婚嫁,不得娱乐,不得洗澡,不得饮酒食肉,夫妻不能同房,必须居住在简陋的草棚中,有官职者必须解官居丧,等等。《后汉书》中记载了这样一个故事:有一个叫赵宣的人,守丧二十余年,一直一个人住在墓道之中。于是郡长官认为他是大孝子,推荐他做官。当陈蕃得知他有五个儿子,并且这五个儿子都是他守丧期间生下的,当即大怒,给他以惩罚。就是因为居丧期间生孩子,是有悖人性的禽兽行为,为礼法所不容。赵宣本想以居丧持久来哗众取宠,却不料身败名裂。

现代社会,人们将守孝时间缩短为一年甚至更短,但是都忌讳婚嫁娱乐等行为。

其他仪式

除了上面的基本程序和环节,传统丧葬礼中还有一些其他仪节和习俗,我们一起来了解一下。

扎彩。是一种用纸和竹劈子扎制的随葬品。从事这一手工艺的作坊被称为"扎彩作",可根据需要扎制各种造型的扎彩,其中包括马、牛、车、轿、箱、柜、金山、银山、童男、童女、开路鬼等。这一习俗流传至今,并出现很多现代化用品的扎制,如电器、汽车、洋房、别墅等等,应有尽有。

接三。人死后第三天要举行"接三"仪式,也叫"迎三""送三"。据民间传说,人死后三天,他的灵魂就要到地府阴曹,或被神佛接走,临走前,要登上望乡台眺望一番家乡,或者亲临家乡作诀别。因此,需要让死者知道,家人已等了三日,死者已不可能复生,只能由僧、道诵经超度,然后顺利地升天。这实际上是家属对死者的一种祭奠。

做七。在亲人死后第七天或七的倍数之日,丧家要请僧诵经烧香超度亡灵,每逢七天一祭,称为"做七",也叫"烧七"。各家的经济状况不同,有做三七的,有做五七的,最多做到七七,也叫"做道场"。"做七"期间的具体礼仪繁多,各地有各地的做法,但都要准备牲醴菜肴奠祭,祭品要单数,因为单为阳,双为阴。现代人们点菜时不点单数就是这个原因。如果遇上农历初七、十七、二十七,称"撞七",要提前一天做七。第四十九天的仪式称为"断七"，为正式葬礼部分的结束。之后有烧百天、烧周年、烧三周年的习俗，都是希望亡者在阴间能安然舒适，过得顺利。

如今，土葬已经彻底被废除，除少数民族外，汉民族全部实行火葬。人们根据自己的经济能力和思想意识，自由选择骨灰的存放方式。骨灰存放的方式有骨灰墙、骨灰亭、骨灰塔、骨灰存放室等。此外，还有骨灰植树葬和骨灰下葬立碑墓地等，这种方法似乎来源于传统的"入土为安"思想。近年来兴起的骨灰海葬也逐渐为人们接受。火葬的实行本已简化了土葬中的繁琐仪礼，但随着市民经济收入的提高和世俗的心态变化，传统丧礼当中的一些仪式又被搬到了火葬的礼仪中。办扎彩、穿重孝、诵经、送路等形式有所抬头，送花圈习俗又被演变为送花篮，并以门前花篮的多少来显示地位、财势和人缘好坏。在这部分人中，一是出于对死者的怀念，不惜花钱以减轻失去亲人的哀痛，求得心理上的平衡，所谓"解解疼"；另一种是大办丧事炫耀自己，特别是有些平日并不太孝顺的子女也有这种做法，即人们所说的"活着不孝死了孝"。

其实，对丧事的大操大办，远比不上内心真正的悲伤更有意义，也绝不是丧礼的初衷。在《孝经·丧亲》的最后，孔子这样总结了一个人行孝的精髓所在："生事爱敬，死事哀戚，生民之本尽矣，死生之义备矣，孝子之事亲终矣。"生前怀着爱敬之心侍奉，死后带着哀戚之情治丧，这才是真正的孝子啊。

悼念亲人，是人之常情。祭奠死去的亲人，选择什么方式，受经济、文化等个人条件和社会环境的影响。在现代文明不断发展的今天，我们了解、学习传统丧葬礼，应当思考丧礼本来的意义之所在，传承那些朴素的合理的仪节，摒弃那些不合时宜的礼俗，使丧葬礼这一传统仪俗朝着积极、文明、健康的方向发展。

2.祭祀之礼

祭祀,对于每个中国人来说,都不陌生,大到国家,小到家庭,都要进行各种祭祀活动。祭祀是华夏礼典的一部分,更是儒家礼仪的重要组成部分。《左传·成公十三年》中说:"国之大事,在祀与戎。"将祭祀与战事并列为国家大事,可见,祭祀在华夏文化中的地位之重要。《礼记·祭统》中说:"礼有五经,莫重于祭。"我们知道,中国古代有五礼:吉礼、凶礼、军礼、宾礼、嘉礼。其中,吉礼为五礼之首,在五礼中最为重要,吉礼主要就是祭祀之礼。《周礼·春官·宗伯》中记载:"以吉礼事邦国之鬼神示。"吉礼是敬奉神与鬼的典礼,祭祀对象分为天神、地祇、人鬼等三类,主要有祭天地、祭日月星辰、祭先王、祭先祖、祭社稷、祭宗庙等礼仪活动。古代祭祀有着严格的等级,天神、地祇由天子祭,诸侯大夫祭山川,士庶只能祭祀祖先和灶神。传统吉礼范围很广,古代的吉礼基本都可以归入祭礼,程序大体上看也是接近的,在这里我们一起来了解一下《朱子家礼》当中的祭礼。

《朱子家礼》中,祭礼主要包括家祭和墓祭。家祭,顾名思义,是人们在家庙内祭祀祖先或家族守护神的礼仪。古人认为,亲人去世了,并不会与我们就此阴阳两相隔、切断了联系,而是通过祭祀这种方式,一直保持着绵延不断的沟通。因此在古代,每个家族都设有祠堂(家庙),用来供奉和祭祀祖先,以及族亲们处理重要事务等。

家祭包括四时祭、冬至祭始祖、立春祭先祖、秋天祭祢(父亲)、忌日祭。基本程序大致相同,一般包括确定日子、设位陈器、具馔、参神、降神、进馔等环节,经过初献、亚献、终献的"三献礼",完成实质程序,最后是"彻",把祭祀所用的酒食等,分给家族人众享用。

四时祭要在每个季节的第二个月举行,实际上举行祭祀的日子并不固定,而是在每次举行祭祀之前那个月的下旬,在祠堂中进行占卜,来确定具体日子。

向祖先献祭,共分三次,俗称"三献"。第一次叫作"初献",第二次叫作"亚献",第三次叫做"终献",分别由不同的人充当主祭者。其中,初献要由宗子来充当主祭者。

墓祭,即家人等亲属,在特定的时候(如清明),或因为特定的事情(如合葬),而来到死者的坟墓前举行祭祀活动。扫墓活动也属于墓祭。《朱子家礼·祭礼》中记载,墓祭所遵行的程序环节,基本上与家祭一样。三月上旬选好举行墓祭的日子,墓祭当日,早早地来到墓地进行洒扫,把坟墓周围的荆棘野草清理干净,还要在墓的左边清理出一块地方,祭祀土地神。主祭人身穿礼服,带着执事们行再拜之礼,围着坟墓走三圈,并举哀反省。铺设席子,摆好祭品,献祝辞。最后,辞神,撤下祭品,返回。

在举行家祭礼和墓祭礼的前三天或一天都要进行"斋戒",参加祭祀的人都要沐浴更衣,可以喝酒,但不能喝醉;可以吃肉,但不可吃带特殊气味的东西;不去吊丧,不听音乐,凡是不吉利与不干净的事,都不可以参与。之所以有这些规定,是因为祭礼主敬不主哀,《礼记·少仪》中说"祭祀主敬,丧事主哀",就是说,在丧礼中人们看重的是"哀",在祭礼中,比"哀"更重要的则是"敬"。沐浴更衣、不听音乐等,都是为了对祖先表示"敬"。祭祀祖先时要有虔诚的心,如果喝个酩酊大醉,满嘴的大葱大蒜味儿,这时向祖先或神明祈祷,就是大不敬了。

前面我们说过,礼的制定是从人情出发,合乎人情的,强调的是恭敬之心,祭礼也不例外。《朱子家礼·祭礼》中说:"凡祭,主于尽爱敬之诚而已。贫则称家之有无,疾则量筋力而行之,财力可及者,自当如仪。"

就是说,祭祀,最重要的是倾尽内心的爱敬之意,而其他的都可以量力而行。家中没钱的要根据家里经济情况来做,身体有病的要根据身体情况来做,条件允许的,自然应当按照礼仪规定去做。

我们为什么要祭祀? 祭祀究竟是要表达什么呢? 人死不能复生,这个道理人人都明白。世世代代,生死更替,在世的人们不会因亲人去世而就此将他们遗忘,而会以各种方式不断地在生者与死者之间建立起情感上的联系与沟通,如在家中供奉先祖的牌位,逢年过节或季节更替,人们总是要用新鲜果蔬供在父母灵前,请他们"享用"。家里有婚丧喜庆,甚至国家发生重大事件,人们也一定会到家庙祭告,希望先祖的精神能够与我们同在。宋代陆游《示儿》诗中有这么两句:"王师北定中原日,家祭无忘告乃翁。"生动地描述了生者与死者之间绵绵不绝的沟通。

人们正是以这些方式来克尽孝道、表达对父祖的思念之情,从这种角度来理解的话,祭祀可以说是孝道的一种延续方式。《论语》中记载,孟懿子问"孝",孔子回答说:"生,事之以礼;死,葬之以礼,祭之以礼。"(《论语·为政》)就是说,亲人生前与死后,都要"待之以礼",这样的"孝"才完整。父母先祖养育了我们,他们永远活在我们心中,祭祀先祖,就是让子孙时时缅怀的最主要的形式之一。祭祀时,长辈可以对孩子讲讲先祖们的故事,让后辈了解自己的先祖是什么样的人,他们身上有哪些值得继承的优良品德,激励后辈做堂堂正正的人,为祖先争光,而不做辱没祖先的事,这是对先祖最好的回报。

传统的祭礼程序较为隆重与繁琐,有些内容随着时代的变迁不断发生着变化,祭祀种类和方式都层出不穷。在互联网高度发达的今天,祭祀习俗也在与时俱进着,人们逐渐认识并乐于采取文明的祭祀方式,如献花、放灯、写怀念性的文章等等,还有的用网络祭祀来进行悼念。网络祭祀是将传统的祭祀方式和程序放在网络上进行，这样不仅容易、方便、简洁，取代了传统祭祀的奔波劳碌和繁杂的祭祀流程，同时也没有烟火等危险和污染，而且可以随时随地进行，增加亲切感，尤其可以保留逝者生前的影像资料和文献资料，以及祭祀者的祭祀心路历程，同时也为祭祀者节省了许多额外支出。

在祭祀网上，人们还可以在虚拟环境中进行传统的祭祀方式，例如扫墓、烧纸、献贡品等，也可以在网络上采取点歌、写祭文、献花、书写期许、系丝带、折纸鹤等别有创意的祭奠方式，更容易直接表达对先人的追思之情。

在未来社会，也许网络祭祀会成为传承中华民族"慎终追远"的优良传统，发扬重亲情、重家庭、重孝道的传统美德的一种主流祭祀方式。其实，无论是什么样的祭祀形式，只要祭祀的本义不变——心怀敬意诚心祭祀，祭祀的方式又有什么重要的呢？

此外，中华民族的祭祀传统，早就超越了血缘的界限，凡是对民族做出重要贡献、造福万代的英雄，都受到后人的敬仰和祭祀。例如黄帝和炎帝，是中华民族的始祖，每年都有许许多多海外华人回国，与当地民众一起致祭。祭孔活动更是中华民族历朝历代的"国之大典"。

祭孔，是中华民族为了尊崇与怀念至圣先师孔子而举行的祭典，也称为"释奠礼"。所谓释奠，即陈设酒食用以祭奠先师先圣，"凡始立学者，必释奠于先师先圣"（《礼记·文王世子》）。它既作为古代学校的一种典礼，又是学校的一项制度。所祭奠者，在周代为周公，汉代以后，又加入孔子，与周公分别尊为先师、先圣。隋唐时期，释奠成为祭孔典礼的专属名称。宋元以后，又尊孔子为师圣，成为祭奠的主要对象。凡学校初建落成，必须举行释奠礼，以示遵循先师先圣的教诲，兴学以礼，教化民众。

祭孔大典主要在孔(文)庙举行,可谓是世界祭祀史、人类文化节史上的一个奇迹,两千多年来几乎从未间断,在古代被称作"国之大典"。2006年5月20日,山东省曲阜市申报的祭孔大典经国务院批准列入第一批国家级非物质文化遗产名录①。

祭祀孔子的活动最初是在孔子卒后,他的弟子们在孔子生前居住的屋子里,供奉了他的衣、冠、车、琴、书册等,并且按岁时祭祀。第二年,鲁哀公将孔子故宅辟为寿堂祭祀孔子,孔子故居成为世界上第一座"孔庙"。之后,从汉高祖到清高宗的一千七百年间,有十二位帝王先后来到孔庙祭祀,留下碑文。真正意义上的"祭孔大典"始于公元前195年,汉高祖刘邦过鲁,以"太牢"祭祀孔子,开历代帝王祭孔之先河。随着历代帝王的褒赠加封,祭典仪式日臻隆重,礼器、乐器、乐章、舞谱等也多由皇帝钦定颁行。在所有祭祀中,历来以春秋两次大祭为主,尤以秋祭为重。每当春秋此日,府县官吏、举人秀才、府学教谕,齐集大成殿祭孔,仪式隆重,庄严肃穆。后来,将每年的大祭定在农历八月二十七日孔子诞辰日举行,再后来,定为公历9月28日。

"文革"时期,祭孔被视为封建迷信活动,基本被取消,很多文庙等文物古迹都被破坏。直到1984年,曲阜孔庙才恢复了民间祭孔,以后大陆其他地区陆续恢复祭孔活动。2004年祭孔大典由家祭改为政府公祭②。

每年的祭孔文更是人们热衷学习、探讨之事。值得一提的是,2016年中国曲阜祭孔大典公祭祭文的作者就是我们这套丛书的主编、山东大学儒学高等研究院副院长颜炳罡教授。

---

① 国务院关于公布第一批国家级非物质文化遗产名录的通知,中国政府网,2006-06-02。
② 古风犹存德未衰:今日孔孟故里人,中国政府网,2014-11-18。

丙申年祭孔大典祭文

颜炳罡

维公元二〇一六年九月二十八，岁在丙申，序在仲秋，值天高气爽、花果飘香时节，山东各界人士、世界各地炎黄子孙、五洲宾朋等齐聚曲阜孔庙大成殿前，以至诚之心，崇敬之情，谨备蔬果，献以佾舞，敬祷于夫子及诸贤哲大儒神位。辞曰：

天地氤氲，燮理阴阳。袞袞华胄，诞育东方。

筚路蓝缕，野居草莽。三皇五帝，始创典章。

吊民伐罪，商汤武王。降至春秋，渐失王纲。

礼崩乐坏，五霸逞强。大哉夫子，应时而降。

宪章文武，道承三皇。杏坛设教，门开八方。

三千弟子，大道阐扬。退修诗书，六艺始彰，

韦编三绝，行囊居床。人文化成，道始以昌。

以仁释礼，仁礼双彰。为仁由己，无欲则刚。

孝悌忠恕，践仁之方。四勿四毋，克己自强。

内省不疚，无愧俯仰。中庸为德，君子坦荡。

贫而好学，富而礼让。不怨不尤，知命守常。

仁为己任，弘毅担当。杀身成仁，以义为上。

天何言哉？四时行焉，百物生长。

道易天下，何计栖遑？天纵之圣，木铎声响！

为政以德，举贤让良。正己正人，万民所望，

富而后教，礼乐兴邦。宽猛相济，治国有常。

博施济众，百姓安康。和而不同，德化万邦。

四海一家，大同在望。

大哉夫子，万世师表，四海咸仰。

圣哉夫子，辉光日新，千秋传唱。

神哉夫子，明德赫赫，大道荡荡。

敬祷夫子，再现灵光：

佑我华夏，保我家邦。中国梦圆，华族永昌。

以复圣颜子、宗圣曾子、述圣子思子、亚圣孟子及诸大贤哲先儒，

伏维尚飨！

六、传统节日习俗

节日，咱们经常过，对于我国有哪些传统节日也并不陌生。比如春节、端午、中秋，现在过节，大多数人都提不起兴趣来，觉得没什么节日气氛，甚至比平时还无聊，为什么觉得无聊、没意思呢？其实是节日失去了节日味，一过节，就是亲朋好友凑在一起吃吃喝喝，打打牌唱唱歌，逛逛景购购物，节日等同于休闲娱乐，这样的节日还怎么能证明是节日呢？我们对于节日的印象，也许就只有过年宴上那盘饺子、端午节上那只粽子和中秋夜里那块月饼了。所以，了解一些传统节日背后的传统文化，知道一些节日来历和基本习俗，会使我们的节日过得更有滋味、更有意义。

我国的传统节日多种多样，今天还在过的节主要有春节、元宵节、清明节、端午节、七夕节、中秋节、重阳节等等。其中，春节与清明节、端午节、中秋节并称为中国四大传统节日。

另外，我国各少数民族也都有着自己的传统节日，比如傣族的泼水节、壮族的三月三歌节、苗族的芦笙节、瑶族的达努节、彝族的火把节、蒙

古族的马奶节、藏族的望果节等。

1.春节

春节,是农历正月初一,又叫阴历年,俗称"过年"。"百节年为首",毫无疑问,春节是我国普天同庆、万民齐乐的节日,也是最古老最隆重的一个节日。

春节处在大自然冬去春来的时日。春节到了,意味着春天将要来临,万象复苏、草木更新,新一轮播种和收获季节又要开始。古人用"辞旧迎新"来表达对大自然的深切情感与敬意。每年春节,人们通常都会从头到脚进行全新的改变,包括新衣服、新发型、新居家用品,甚至换个新工作都是从春节开始的,人们希望以一个全新的面貌、全新的状态去迎接新的一年的来临,所谓"糖瓜祭灶,新年来到;姑娘要花,小子要炮;老头儿要顶新毡帽,老太太要件新棉袄"。

"团圆"是春节最重要的情怀,一定要在关键的大年之夜来实现。在国外的、外省市的人们都会在大年夜前赶回家中与家人团圆,举家祭祖敬天,吃年夜饭,守夜达旦。

在民间,从腊月初八腊八节一直到正月十五元宵节,都有很多热闹的习俗和庆祝活动,其中以除夕和正月初一为高潮。汉族和少数民族的习俗虽然不尽相同,但都以祭祀神佛、祭奠祖先、除旧布新、迎禧接福、祈求丰年为主要内容,活动形式丰富多彩,带有浓厚的地方和民族特色。

腊八节

传统意义上的过年,是从腊八节开始的,民间流传有这样的歌谣:小孩儿小孩儿你别馋,过了腊八就是年;腊八粥,喝几天,哩哩啦啦二十三;

二十三,糖瓜粘;二十四,扫房子;二十五,冻豆腐;二十六,去买肉;二十七,宰公鸡;二十八,把面发;二十九,蒸馒头;三十晚上熬一宿;初一、初二满街走。

腊八这一天,是过年的开始。佛教把"腊八"叫做"成道节",认为这一天是释迦牟尼成佛的"佛成道日",为了纪念这一天,每到腊八,佛寺都要熬杂粮粥供养佛祖。这种风俗传到了民间,就成为民间的"腊八节"。

民间熬制腊八粥除了供奉佛祖之外,还在亲友邻里之间相互馈赠,大户人家将熬好的腊八粥施舍路人,广结善缘。农民把腊八粥熬好之后,会盛上一盆端到自家地头上,把腊八粥一勺一勺撒到农田里,敬五谷神,企盼来年五谷丰登。

过小年

腊月二十三或二十四又称小年,是民间祭灶的日子。民谣中"二十三,糖瓜粘"说的就是小年祭灶。小年可以说是春节的预热活动,人们都很重视,民间有"小年大似年"的说法,传统习俗有扫尘、祭灶、蒸花馍、写春联、吃灶糖等,以扫尘和祭灶最为重要。

办年货

中国的家庭过年前要购买大量的"年货",包括春联、福字、新衣服、过年期间的食品等。办年货是中国人过春节的一项重要活动。节前十天左右,人们就开始忙于采购物品,年货包括鸡鸭鱼肉、茶酒油酱、南北干货、糖饵果品,都要采买充足,还要准备一些走亲访友时赠送的礼品,小孩子要添置新衣新帽,准备过年时穿。

贴春联和门神

春联也叫门对、春贴、对联、对子、桃符等，它以工整、对偶、简洁、精巧的文字描绘时代背景，抒发美好愿望，是我国特有的文学形式。每逢春节，无论城市还是农村，家家户户都要精选一幅大红春联贴于门上，为节日增加喜庆气氛。这一习俗起于宋代，在明代开始盛行，到了清代，春联的思想性和艺术性都有了很大的提高。

为了祈求一家的福寿康宁，一些地方的人们还保留着贴门神的习惯。据说，大门上贴上两位门神，一切妖魔鬼怪都会望而生畏。民间的门神形象都是怒目圆睁，相貌狰狞，手里拿着各种传统武器，随时准备同敢于上门来的鬼魅战斗。由于我国民居的大门通常都是两扇对开，所以门神总是成双成对。

贴福字

春节时，在大红纸上写"福"字、贴"福"字、"迎春接福"是我国人民的传统习俗。贴"福"字，是人们寄托对新的一年的美好愿望，追求美满生活的期盼。每逢新春佳节到来，随同贴春联，家家户户要在墙壁上、门窗上、水缸、米柜、仓房等处贴上大大小小的"福"字。有的"福"字还带有各式各样图案，或是寿星、寿桃，或是鲤鱼跳龙门，也有五谷丰登、龙凤呈祥等等，寓意丰富多彩，看起来喜庆非常。民间至今还有把"福"字倒贴的习俗，为取"福到了"的谐音。所以贴"福"字时可以全家人一起说一句"福到了"，祈盼美好的新年。

此外，春节时人们还喜欢在窗户上贴上各种剪纸、窗花等。春节挂贴年画在城乡也很普遍，剪纸和年画都是我国古老的民间艺术，反映了人民朴素的风俗和信仰，寄托着他们对未来的希望。

燃爆竹

爆竹也叫鞭炮,有两千多年的历史。相传它起源于"庭燎",《诗经》中有"庭燎之光"的记载。"庭燎"就是当时用竹竿之类做成的火炬。竹竿燃烧时,竹腔爆裂,发出噼啪的炸声,以此驱鬼除邪。中国民间有"开门爆竹"一说,即在新的一年到来之际,家家户户开门的第一件事就是燃放爆竹,以噼噼啪啪的爆竹声除旧迎新。放爆竹可以创造出喜庆热闹的气氛,是节日的一种娱乐活动,可以给人们带来欢愉和吉利。

除夕

每年农历腊月的最后一天晚上,即农历年的最后一天(月大为三十日,月小二十九日),称为"除夕"。它与春节(正月初一)首尾相连,是辞旧迎新的日子。这一天常常不论是二十九还是三十,习惯上都被称为"大年三十"。传说这一天,上界诸神要到下界来,因此,民间都隆重地举行祭祀活动,敬鬼神祈福禄。

除夕夜各家各户都要办一餐丰盛的"团年饭",老少几代人团坐在一起,和和美美地共进晚餐、共话新年。团年饭的菜肴虽越来越丰盛,但在广大北方地区饺子仍是过年必吃的,全家人聚在一起包饺子过大年,其乐融融。和面的"和"字就是"合"的意思;饺子的"饺"和"交"谐音,"合"和"交"又有相聚之意,所以人们用饺子象征团聚合欢,又取更岁交子之意,非常吉利。此外,饺子因为形似元宝,过年时吃饺子,也带有"招财进宝"的吉祥含义。吃完年夜饭后,家人多围炉而坐,叙旧话新,在亲情的交流中守岁达旦。

除夕最重要的是守岁,就是在旧年的最后一天夜里不睡觉,熬夜迎接新一年到来的习俗,也叫"熬年"。守岁习俗兴起于南北朝,梁朝的不少文人都有守岁的诗文，如"一夜连双岁，五更分二年"。除夕之夜，全家团聚在一起，吃过年夜饭，点起蜡烛或油灯，围坐炉旁闲聊，等着辞旧迎新的时刻，通宵守夜，象征着把一切邪瘟病疫照跑驱走，期待着新的一年吉祥如意。这种习俗后来逐渐盛行，到唐朝初期，唐太宗李世民写有《守岁》诗："寒辞去冬雪，暖带入春风。"直到今天，人们还习惯在除夕之夜守岁迎新。

守岁习俗传承至今，部分继续保存，部分推陈出新。如今的除夕夜，人们多围坐在电视机前，观看春节联欢晚会等电视节目，欢度佳节。

拜年

大年初一天刚亮，人们都早早起来，穿上新衣服，打扮得整整齐齐，出门去与左邻右舍、亲朋好友相互拜年，拜年时一定要多讲吉利话，如恭喜发财、万事如意等。拜年的方式多种多样，有的是同族长带领若干人挨家挨户地拜年；有的是朋友相邀几个人去拜年；也有大家聚在一起相互祝贺，称为"团拜"。由于登门拜年费时费力，后来一些上层人物和士大夫便使用名帖相互投贺，由此发展为后来的"贺年片"。

拜年时，晚辈要先给长辈拜年，祝长辈安康长寿，长辈通常分压岁钱给晚辈，据说压岁钱可以压住邪祟，因为"岁"与"祟"谐音，晚辈得到压岁钱就可以平平安安度过一岁。压岁钱有两种，一种是以彩绳穿线编作龙形，置于床脚，此记载见于《燕京岁时记》；另一种是最常见的，即由家长用红纸包裹分给孩子的钱。压岁钱可在晚辈拜年后当众赏给，亦可在除夕夜孩子睡着时，由家长偷偷地放在孩子的枕头底下。现在长辈为晚辈分送压岁钱的习俗仍然盛行。

春节期间，我国广大农村和城镇，还有传统的舞狮和耍龙灯活动。

人们以舞狮来助兴,希望狮子威武、勇猛的形象能驱魔辟邪,带来和平安宁的好日子。耍龙灯也叫"舞龙""龙灯舞",是自汉代起就一直流行于我国的一种民间舞蹈,是我国新春佳节的传统习俗。

2.清明节

清明节又叫踏青节,每年4月5日左右,在仲春与暮春之交。清明节是中国传统节日,也是最重要的祭祀节日之一,是祭祖和扫墓的日子。中华民族传统的清明节大约始于周代,距今已有二千五百多年的历史。清明节与农历七月十五的中元节、十月初一的寒衣节并称中国三大鬼节。"鬼节"即是悼念亡人之节,是和祭祀天神、地神的节日相对而言的。清明最早只是一种节气的名称,相传,晋文公为纪念介子推,而将寒食节的后一天定为清明节。

清明时节要祭祀。上至君王大臣,下至平头百姓,都要在这一节日祭拜先人亡魂。从唐朝开始,朝廷就给官员放假以便于归乡扫墓。据宋《梦粱录》记载:每到清明节,"官员士庶俱出郊省墓,以尽思时之敬"。参加扫墓者也不限男女和人数,往往倾家出动。这样清明前后的扫墓活动常成为社会全体参与的事,数日内郊野间人群往来不绝,规模极盛。

清明祭祀在清明前后,各地有所差异。旧时,北京人祭扫坟墓不在清明当天,而在临近清明的"单日"进行,只有僧人才在清明当天祭扫坟墓。浙江丽水一带则在清明节的前三天和后四天的范围内扫墓,称为"前三后四"。在山东,旧时多数地区在清明当天扫墓,少数地区如诸城,在寒食这天扫墓,有些地方在清明前四天内扫墓;现在,一般都在清明这天去扫墓。

清明祭祀方式按祭祀场所的不同可分为墓祭、祠堂祭等,以墓祭最为普遍。清明祭祀的特色就是墓祭。在墓地祭祀,祭祀者离祭祀对象最近,容易引起亲近的感觉,使生者对死者的孝思亲情得到更好的表达和寄托,也正因如此,清明祭祀才被称为扫墓。另一种形式是祠堂祭,又称庙祭,是一个宗族的人聚集在祠堂共祭祖先,祭完后要开会聚餐等,这种祭祀是团聚族人的一种方式。还有一种情况是家在外地工作的人不能赶回家乡扫墓,就在山上或高处面对家乡的方向遥祭。

清明祭祀的方法或项目各地有所不同,常见的做法有两部分内容组成:一是修整坟墓,二是挂烧纸钱、供奉祭品。

扫墓时首先修整坟墓,清除杂草,培添新土。这种行为一方面可以表达祭祀者对亡人的孝敬和关怀,另一方面,在古人的信仰里,祖先的坟墓和子孙后代的兴衰福祸有莫大的关系,所以培墓是不可轻忽的一项祭奠内容。《清通礼》把修整坟墓解释为“扫墓”的来由:“岁,寒食及霜降节,拜扫圹茔,届期素服诣墓,具酒馔及芟剪草木之器,周胝封树,剪除荆草,故称扫墓。”

过去由于寒食禁火的影响,纸钱不焚烧,而是挂在墓地的小树上、竹竿上,或用石块压在坟墓边。宋庄季裕《鸡肋篇》卷上:“寒食上冢,亦不设香火。纸钱挂于茔树。其去乡里者,皆登山望祭。裂帛于空中,谓之掰钱。”这样,凡是祭扫过的坟墓就有纸幡飘飘,构成清明前后的特有景观。没有纸钱者,一般就是缺少后嗣的孤坟了。后来,一般不再讲究禁火,就把纸钱烧掉。

清明节的习俗除了讲究禁火、扫墓,还有踏青、插柳、荡秋千、蹴鞠、拔河、打马球等一系列风俗和体育活动。相传这是因为寒食节要寒食禁火,为了防止寒食冷餐伤身,所以大家参加一些体育活动,来锻炼身体。

清明节,民间忌使针,忌洗衣,大部分地区妇女忌行路。傍晚以前,要在大门前洒一条灰线,据说可以阻止鬼魂进宅。因此,这个节日中既有祭扫新坟生离死别的悲酸泪,又有踏青游玩的欢笑声,是一个富有特色的传统节日。

3.端午节

端午,为每年农历五月初五,又叫端五、重五、端阳,此外端午节还称午日节、五月节、龙舟节、浴兰节等。"端"字在古汉语中有开头、初始的意思,称"端五"也就如称"初五"。据《荆楚岁时记》记载,因仲夏登高,顺阳在上,五月是仲夏,它的第一个午日正是登高顺阳好天气之日,故五月初五亦称为"端阳节"。端午节是流行于中国以及汉字文化圈诸国的传统文化节日,从春秋战国至今,端午节已在民间传承两千多年。端午节的由来说法甚多,其中流传最广的一说是为了纪念战国时期楚国大夫屈原。

相传,屈原忠事楚怀王,但却屡遭排挤。怀王死后,又因顷襄王听信谗言而被流放。屈原晚年在沅水、湘水流域长期过着流放生活,眼看祖国日益衰弱,即将被秦灭亡,他忧心如焚,写下了忧国忧民的《离骚》《天问》《九歌》等诗篇。五月五日,他写下了绝笔作《怀沙》之后,抱石投汨罗江自尽。屈原投江后,当地百姓闻讯马上划船捞救,一直行至洞庭湖,始终不见屈原的尸体。那时,恰逢雨天,湖面上的小舟一起汇集在岸边的亭子旁。当人们得知是为了打捞贤臣屈大夫时,再次冒雨出动,争相划进茫茫的洞庭湖。为了寄托哀思,人们荡舟江河之上,此后才逐渐发展成为龙舟竞赛。百姓们又怕江河里的鱼吃掉他的身体,就纷纷回家拿来米团投入江中,以免鱼虾糟蹋屈原的尸体,后来就成了吃粽子的习俗。

直到今天,各地端午节过法虽不尽相同,但包粽子、划龙舟是端午节的普遍习俗。

端午食粽

粽子,又叫"角黍""筒粽"。其由来已久,花样繁多。早在春秋时期就已出现,最初是用来祭祀祖先和神灵;到了晋代,粽子被正式定为端午节食品。当时包粽子的原料除糯米外,还添加中药益智仁,煮熟的粽子称"益智粽"。南北朝时期,出现杂粽,米中掺杂禽兽肉、板栗、红枣、赤豆等,品种增多。粽子还用作交往的礼品。到了唐代,粽子的用米,已"白莹如玉",出现锥形、菱形。日本文献中就记载有"大唐粽子"。宋朝时,已有"蜜饯粽",即果品入粽,诗人苏东坡有"时于粽里见杨梅"的诗句。这时还出现用粽子堆成楼台亭阁、木车牛马做的广告,说明宋代吃粽子已很时尚。元、明时期,粽子的包裹料已从菰叶变革为箬叶,后来又出现用芦苇叶包的粽子,附加料已出现豆沙、猪肉、松子仁、枣子、胡桃等等,品种更加丰富多彩。

直到今天,每年五月初,家家都要浸糯米、洗粽叶、包粽子,其花色品种更为繁多。从馅料看,北方多包小枣的北京枣粽;南方则有豆沙、鲜肉、火腿、蛋黄等多种馅料,其中以浙江嘉兴粽子为代表。吃粽子的风俗,千百年来,在中国盛行不衰,并且流传到朝鲜、日本及东南亚诸国。

赛龙舟

端午节的习俗之一,也是端午节最重要的节日民俗活动之一,在中国南方地区普遍存在,在北方靠近河湖的城市也有赛龙舟习俗,而大部分是划旱龙舟舞龙船的形式。

　　龙船竞渡前,先要请龙、祭神。如广东龙舟,在端午前要从水下起出,祭过南海神庙中的南海神后,安上龙头、龙尾,再准备竞渡。并且买一对纸制小公鸡置龙船上,认为可保平安。闽、台则往妈祖庙祭拜,多祈求农业丰收、风调雨顺、去邪祟、攘灾异、事事如意,也保佑划船平安。

　　在划龙舟时,多有龙舟歌用以助兴。如湖北秭归划龙船时,有完整的唱腔,词曲由当地民歌与号子融汇而成,歌声雄浑壮美,扣人心弦,即"举楫而相和之"的遗风。

挂艾草与菖蒲

　　民谚说,"清明插柳,端午插艾"。端午节,人们把插艾草和菖蒲作为重要内容之一。艾草有特殊的香味,人们用它来驱病、防蚊、辟邪、净化空气。菖蒲是多年生水生草本植物,它狭长的叶片也含有挥发性芳香油,是提神通窍、健骨消滞、杀虫灭菌的药物。端午节时,人们通常将艾、榕、菖蒲用红纸绑成一束,然后插或悬在门上,相传"蒲剑"可以斩千邪。

饮蒲酒、雄黄酒、朱砂酒

　　谚语说:"饮了雄黄酒,病魔都远走。"雄黄是一种矿物质,俗称"鸡冠石",主要成分是硫化砷,并含汞,有毒。一般饮用的雄黄酒,只是在白酒或自酿的黄酒里加入微量雄黄而成。雄黄酒有杀菌驱虫解五毒的功效,中医还用来治皮肤病,古人认为雄黄可以克制蛇、蝎等百虫。在没有碘酒之类消毒剂的古代,用雄黄泡酒,可以祛毒解痒。

　　逢端午时,有些地区的店铺便有一包包的药料出售,包括雄黄、朱砂、柏子,桃仁、蒲片、艾叶等,人们浸入酒后再用菖蒲艾蓬蘸酒墙壁角落、门窗、床下等。未到喝酒年龄的小孩子,大人则给他们的耳鼻、肚脐、手足心等处涂抹上雄黄酒,意在驱毒防病,虫豸不叮。端午节时还有以雄黄涂抹小儿额头的习俗,认为可驱避毒虫。典型的方法是用雄黄酒在小儿额头画"王"字,使小孩带有虎的印记,一借雄黄以驱毒,二借猛虎以镇邪。这些活动,从卫生角度来看,还是有科学道理的。雄黄加水和酒洒于室内可消毒杀菌,饮蒲酒也颇有益。

拴五色丝线

中国传统文化中,象征五方五行的五种颜色"青、红、白、黑、黄"被视为吉祥色。在端午这一天,孩子们要在手腕脚腕上系上五色丝线,以保安康。因而,端午节清晨,各家大人起床后第一件大事便是在孩子手腕、脚腕、脖子上拴五色线。系线时,禁忌儿童开口说话。五色线不可任意折断或丢弃,只能在夏季第一场大雨或第一次洗澡时,抛到河里。据说,戴五色线的儿童可以避开蛇蝎类毒虫的伤害;扔到河里,意味着让河水将瘟疫、疾病冲走,儿童由此可以保安康。

躲端午

是指接新嫁或已嫁之女回家度节,简称"躲午",亦称"躲端五"。俗以五月、五月五日为恶月、恶日,诸事多需避忌,因有接女归家躲端午之俗。此俗宋代似已形成,陆游《丰岁》诗有"羊腔酒担争迎妇,遣鼓龙船共赛神"之句。《嘉靖隆庆志》亦记云:"已嫁之女召还过节。"《滦州志》中说:"女之新嫁者,于是月俱迎以归,谓之'躲端午'。"

4.中秋节

每年农历八月十五日,是我国传统的中秋佳节。这时是一年秋季的中期,所以被称为中秋。在中国的农历里,一年分为四季,每季又分为孟、仲、季三个部分,因而中秋也称仲秋。因八月十五的月亮比其他几个月的满月更圆,更明亮,所以又叫做"月夕""八月节"。此夜,人们仰望天空如玉如盘的朗朗明月,自然会期盼家人团聚。远在他乡的游子,也借此寄托自己对故乡和亲人的思念之情。所以,中秋又称"团圆节"。此外,中秋也叫追月节、拜月节或女儿节等。

中秋节是流行于中国众多民族的传统文化节日,受中华文化的影响,中秋节也是东亚和东南亚一些国家尤其是当地华人华侨的传统节日。中秋节自古便有祭月、赏月、拜月、吃月饼、赏桂花、饮桂花酒等习俗,流传至今,经久不息。中秋节以月之圆兆人之团圆,以寄托思念故乡、思念亲人之情,祈盼丰收、幸福,成为丰富多彩、弥足珍贵的文化遗产。

中秋节有悠久的历史,和其他传统节日一样,也是慢慢发展形成的。古代帝王有春天祭日、秋天祭月的礼制,早在《周礼》一书中,已有"中秋"一词的记载。后来贵族和文人学士也仿效起来,在中秋时节,对着天上又亮又圆一轮皓月,观赏祭拜,寄托情怀,这种习俗就这样传到民间,形成一个传统的活动,一直到了唐代,祭月风俗更为人们重视,中秋节才成为固定的节日,《唐书·太宗纪》记载有"八月十五中秋节",这个节日盛行于宋朝,至明清时,已与元旦齐名,成为我国的主要节日之一。

中秋节的传说非常丰富,嫦娥奔月、吴刚伐桂、玉兔捣药之类的神话故事流传甚广,中秋节的民间传统习俗很多,形式也各不相同,但多与月亮有关。其中最主要的活动是赏月和吃月饼。

赏月

我国自古就有敬月赏月的习俗,《礼记》中就记载有"秋暮夕月",即祭拜月神。据《周礼·春官》记载,周代已有迎寒和祭月活动。唐代中秋赏月、玩月颇为盛行,许多诗篇中都有咏月的诗句。宋代中秋赏月之风更盛,据《东京梦华录》记载:"中秋夜,贵家结饰台榭,民间争占酒楼玩月。"每逢这一日,京城的所有店家、酒楼都要重新装饰门面,牌楼上扎绸挂彩,出售新鲜佳果和精制食品,夜市热闹非凡,百姓们多登上楼台,一些富户人家在自己的楼台亭阁上赏月,并摆上食品或安排家宴,团圆子女,共同赏月叙谈。明清两朝的赏月活动,更是盛行不衰。后来,中秋节又出现了"烧斗香""走月亮""放天灯""树中秋""点塔灯""舞火龙""曳石""卖兔儿爷"等节庆活动。

吃月饼

俗话说:"八月十五月正圆,中秋月饼香又甜。"过中秋吃月饼历来是中秋节的重要习俗之一。月饼最初是用来祭奉月神的祭品,"月饼"一词,最早见于南宋吴自牧的《梦粱录》中,那时,它也只是像菱花饼一样的饼形食品。后来人们逐渐把中秋赏月与品尝月饼结合在一起,寓意家人团圆。

《洛中记闻》说,唐僖宗在中秋节日吃月饼,味道极美,他听到新科进士的曲江设开喜宴,便命御厨房用红绫包裹月饼赏赐给新科进士们。这是我们能够看到的最早的关于月饼的记载。到了宋代,月饼有"荷叶""金花""芙蓉"等等雅称,制作方法更加精致。苏东坡有诗称赞说,"小饼如嚼月,中有酥与饴",酥是油酥,饴就是糖,其味道之甜脆香美可想而知。

月饼最初是在家庭制作的,清袁枚在《隋园食单》中就记载有月饼的做法。到了近代,有了专门制作月饼的作坊,月饼的制作越来越精细,馅料考究,外形美观,印有各种精美的图案,如"嫦娥奔月""银河夜月""三潭印月"等。人们把月饼当作节日食品,并用它祭月和馈赠亲友。以月之圆兆人之团圆,以饼之圆兆人之常生,用月饼寄托思念故乡亲人之情,祈盼丰收、幸福。

燃灯

中秋之夜,天清如水,月明如镜,可谓良辰美景,于是人们便有了燃灯以助月色的风俗。湖广一带有用瓦片叠塔于塔上燃灯的节俗。江南一带则有制灯船的节俗。近代中秋燃灯之俗更盛。从古至今,中秋燃灯之规模似乎仅次于元宵灯节。

今天,月下游玩的习俗,已远没有旧时盛行。但设宴赏月、互送月饼仍很盛行,人们把酒问月,分享月饼,庆贺美好的生活,或与远方的亲人"千里共婵娟",共祝健康快乐。

第五章　今日之礼,何去何从

一、传统礼仪在今天

中华礼仪文明的源流可以上溯到五千多年以前,在漫长的历史过程中,中华礼仪文明经过了一代又一代的承续、转化、损益、创新。秦始皇"焚书坑儒",汉武帝"独尊儒术",在封建时代的全盛时期,我们的传统礼乐文化得以较好的发展,并对周边国家产生了极其深刻的影响。近代以来,传统礼乐文化不断受到批判和质疑,降至新文化运动,激进的知识分子开启了全面、彻底地否定传统文化的历史进程,"打倒孔家店""礼教吃人"成为时代的最强音。20世纪六七十年代,一场席卷全国、声势浩大的打倒一切旧思想、旧文化、旧风俗、旧习惯、旧道德的政治运动,使传统礼仪文化几遭灭顶之灾。到20世纪90年代以后,激进的反传统主义逐渐退潮,以儒家为代表的传统文化得到中国社会乃至世界的肯定,中国传统文化研究、讲习逐步回复正常。现在,随着中国经济的发展和综合国力的提升,中国人的民族自信心开始恢复,政府将"明礼诚信"等二十字作为"公民道德"的重要内容,尊老爱幼、与人为善等传统美德也得以继承和发扬,中华大地上再度兴起礼仪文化热、国学热,重建中华民族精神传统的呼声由弱到强,逐渐得到广泛的认同。

应该看到,当前虽然我们的礼仪文明总体是好的,大多数国人是守礼明礼的,但是也存在着许多不尽如人意甚至令人忧虑的现象,长期以来,传统文明礼仪缺失殆尽,面临着诸多的现实问题,文明礼仪的复兴,可谓"路漫漫其修远兮"。

1.传统礼仪的流失

素以"礼仪之邦"闻名于世的中国,有着孝、悌、忠、信、礼、义、廉、耻等传统美德与礼仪规范,我们的传统礼仪文化不仅对中华民族有着巨大的作用,也带给世界深远的影响,尤其是在东亚文化圈如韩国、日本等国家和地区保存颇多,并仍然在其社会生活中发挥着积极作用。但令人汗颜的是,我国作为礼仪文化的源流之地,传统礼仪的流失速度却是非常惊人。

在社会生活的方方面面,都存在着礼仪缺失现象。如在仪表举止方面,缺乏一种精气神,做派涣散、暴躁、松松垮垮、懒懒塌塌,站没站相,坐没坐相。在人际交往中,懂得使用表示敬意的雅语和举止的人已日渐稀少,言语粗俗,动作粗鲁。家庭伦理道德沦丧,不赡养老人、不关心子女成长、弃婴等。公共场所举止不文明,破坏公共卫生,随地吐痰,随地大小便,乱扔废弃物,大声喧哗。不遵守公共秩序与规则,交通违规,车辆争道抢道,行人乱穿马路,不愿排队,乱拥乱挤,争先恐后。

不仅仅在国内如此,境外旅游时许多中国游客不遵守文明礼仪,不尊重当地文化。调查显示,海外民众普遍认为中国游客的不文明行为有:乱扔垃圾、闯红灯、围观起哄、插队、抢座、践踏花草、小孩随地大小便等。中国游客的不文明行为,多次见诸海外报端,许多国外景点甚至专门设置了中文警示语。这些行为，实在是有损来自礼仪之邦的中国人的形象。

社会诚信严重缺失，成为社会信用难以承受之重。主要表现为，个人诚信缺失，不讲真话、不守信用、没有信誉、弄虚作假等。如说假话，制造和使用各种假证件、假票据，考试作弊、偷逃税款、骗取保险、虚假广告、假球黑哨、假医假药等等，不一而足。摔倒后对扶起之人行讹，或因怕被讹漠视摔倒者，制造车撞人、狗咬人等种种"碰瓷"行为，人与人之间信用缺失，不遵守契约，言而无信等行为。企业诚信缺失，如假冒伪劣盛行，制假贩假猖獗等现象。首当其冲的就是食品安全问题，近年来相继发生毒奶粉、毒豆芽、毒馒头、瘦肉精、地沟油等事件，严重危害人们的身体健康。还有些企业不守信用，恶意拖欠货款、逃避债务等。有些政府部门也存在政策多变、不守承诺、随意性大、暗箱操作等诚信缺失现象，有些干部弄虚作假、欺上瞒下。诚信的缺失、文明礼仪的流失，严重影响着社会稳定，使得社会风气败坏，人与人之间信任和沟通更加困难，许多诚实守信的人利益受到损害，导致"老实人吃亏"，好人成本增加，整个社会的道德风险加大，道德水平下降。

在公共服务领域，礼仪缺失现象也相当普遍。中华民族数千年文明铸就的礼仪文化，原本可以使我们的服务行业别具特色，可是现在，一些行业的服务人员甚至连"对不起、谢谢、没关系、您请"等礼貌用语都说不好，遑论其他。有些政府机关办事服务人员，"脸难看，话难听，事难办"，对服务对象不认真接待，态度冷漠、语言生硬。有些行业的服务人员不注意仪表，不修边幅，衣着随便，有些人员缺乏应有的热情，有些人员则过于热情，推销产品或服务，使人为难。在涉外服务工作中，有些人不尊重对方隐私，询问个人事宜，在参与外事活动时，不讲究自尊自爱，表现得畏惧自卑,丧失国格和民族尊严。

种种因礼仪缺失而造成的不文明现象不胜枚举。

2.传统礼仪的异化

礼仪的流失令我们叹惜,与此同时,还有一个问题应当引起我们的思考,有些传统礼仪虽然没有完全流失,但其传承却流于表面形式。看上去是被重视、被强调的,但很多时候、很多方面,礼仪的传承重点却过多地放在了表面形式和操作层面,忽视了其内在精神。以服务礼仪为例,我们的宾馆、酒店、政务大厅等服务场所越造越华丽,与此相比,服务质量却没跟上,成为服务行业发展的软肋。服务礼仪本该传承的是对服务对象的诚敬之心,这是礼的核心精髓,可很多服务机构却把重点放在了鞠躬要弯多少度、微笑要露几颗牙、握手要停几秒钟等实际操作层面上,我们不是说这些不重要,但如果只强调这些,错误地将礼仪理解成这些表面行为,常常是一边笑靥如花,一边宰你没商量,礼仪就成了空洞的形式主义,这种礼仪传承的就只是皮毛,完全与中华之礼的本质精神背道而驰。

还有很多传统礼仪在传承过程中不断被异化,变成了"徒有其表"的空壳子,礼仪所表达的传统意义被彻底颠覆。比如婚丧嫁娶这些传统人生礼,逐渐被变成聚敛财富、积攒人脉、编织社会网络的工具,使得原本美好的人生礼渐被异化,变得越来越劣质、虚假和庸俗,反而变成了人际关系的骚扰者,使人们感受到的只有负担,人们甚至很怕参加这样的礼仪场合,真正优美的中华民族礼仪特色已经基本无处可寻。婚丧嫁娶之外,乔迁、升学、入伍、升职……类似的人生之"礼"前所未有地被打造出来,变成了人们的交际工具。"礼仪之邦"的传人,传的是"利益"而非

"礼仪"，这不得不说是礼仪传承的一种悲哀了。这种传承不是真正意义上的传承，不是健康的传承，是"礼仪之邦"不能承受之痛。

3.传统礼仪的西化

礼仪是一种文化，是文化就有纵向的传承和横向的借鉴与融合。我们的传统礼仪在纵向传承上面临着这样那样的问题，在横向上也面临着很多的考验。在全球化的影响下，经济文化高速碰撞融合，西方文化大量涌入中国，中华传统礼仪也不断受到西方礼仪文化的冲击。

比如今天，中国老人的寿宴经常出现这样一种场面：寿星被戴上花花绿绿的生日帽，脸上被涂上星星点点的蛋糕，被一群孙子孙女簇拥，先是"享受"着英文的生日歌，后是许愿，然后吹熄蜡烛，在一通掌声后吃着未必爱吃的蛋糕，老人脸上也会露出笑容，但这种笑容背后，是否有着我们没有察觉的无奈呢？按照中国传统，父母健在的老人是不过生日的，等到父母去世，他才可以心安理得地享受来自晚辈的祝福。祝福的方式往往是穿上为其特别制作的喜庆的服装，吃着寿馍、寿面、寿桃，接受儿孙的叩首礼，享受着中国老人独有的寿星待遇和儿孙满堂的幸福。我们试想一下，当他的脸被涂上蛋糕，带着在他看来小丑一般的帽子，听着他一句都不懂的歌曲，被迫许愿和吹蜡烛的时候，内心是什么感受？大概更多的是为了照顾儿孙们的"孝心"，强颜欢笑的无奈之情吧。

诸如此类的情景还有很多，近年来，我们日常生活各个领域的传统礼仪都或多或少地受到西方礼仪影响，甚至被取代。作为中国民间最普遍、最隆重的诞生礼和婚礼等人生礼仪，正越来越失去民族特性，日渐西化。许多人热衷于举行西式婚礼，比起过端午节、中秋节等传统节日，更喜欢过圣诞节、情人节等西方节日，对西方礼仪不是仅作为民俗了解一下,而是对之趋之若鹜,渐渐抛却了中华传统礼仪。我们的价值观、生活方式、审美情趣、婚恋理念都被西方文化影响着、渗透着,应当引起我们的重视和警惕。

世界上没有哪一种文化是一成不变的,我们说中华传统礼仪文化不要被西化和异化,并不是保守封闭、唯中华独尊。唯我独尊不如为我所用,新旧文化、东西文化可以相互影响、博采众长,中华文明能诞生并延续至今,正是因为它具有一种能够不断吸取外来精华、融合周边文化的包容性,并以这种包容性不断拥抱着现代文明,但包容不等于被替代,而是吸收外来精华用以改善自己,吸收的必须是外来优秀的文化因子,而绝不是文化垃圾。否则,中华文化基因一旦被污染,甚至被垃圾文化所替代,本土文化被完全抛弃,那么中华文明就必将灭亡,我们的后辈将不知中华文明是何物。中华文明要和世界文明接轨,但不能成为其他文明的俘虏,对此,我们当知忧虑、予以警惕。

二、弃扬得当,传承中华文明

礼仪的缺失,导致了如此多的社会问题,由此看来,礼仪在今天,不是可有可无的小节,不应该被丢弃。在现代生活中,礼仪不是不重要了,而是越来越重要,越来越必需了。作为生长在"礼仪之邦"的中华儿女,当从传统礼仪这一沃土中汲取养分,用独具特色的中华之礼来浸润我们的身心。

今天一说起传统礼仪,不少人认为就是磕头作揖那一套,繁琐又啰嗦,禁锢人的思想,压抑人的自由,是已经过时的东西,对于今天的我们完全没有意义。曾经有一个时期,人们还曾把古代社会的礼教,说成是吃人的东西。人们把克己复礼,说成复辟倒退,是维护落后的奴隶社会秩序……虽说这是人们对传统礼教的误读,没有认识和理解什么是真正的礼教,但我们也应当承认,传统礼仪当中,确有一些不合时宜的、陈旧保守的东西,已经不适合今天的社会生活。然而我们不能因噎废食,将传统礼仪完全丢弃,而应倍加珍惜中华传统礼仪中所蕴含的精华,把握传统礼仪的核心精髓和现代价值,弃扬得当,合理运用,使其与我们今天的生活相互交融,形成新的独具时代特征又不失中华传统的礼仪文化。

1. 去芜存菁,不失中华传统

对于传统礼仪文化当中一些糟粕性的东西,我们要去除和扬弃,杜绝礼教中一些"吃人"的教条,如愚忠愚孝、男尊女卑以及一些不合时宜的礼节习俗等。我们在前面的居家之礼中谈到传统孝道,但传统孝道的精华不是要人们愚孝愚忠,有些内容不能被提倡。比如二十四孝里的"郭巨埋儿",为了供养母亲,打算埋掉儿子,还有"君叫臣死,臣不死,臣为不忠;父叫子亡,子不亡,子为不孝"这样的教条,看似忠孝,实则残忍。再如周木问安、献章求嗣这些典故,都是讽刺那些搞表面文章,对父母愚孝的人。一些旧时男尊女卑、压迫摧残妇女的仪俗也应予以摒弃,比如"在家从父,出嫁从夫"、用于休妻的"七出"等内容,都毫无民主平等可言,不值得推广使用。

同时,我们应辩证地看待传统礼仪中某些看似腐朽、糟粕却影响深远的东西,化腐朽为神奇,将其赋予新意后加以利用。要对传统礼仪的核心精神进行探索和研究,不要把目光紧盯在一些表面字意和局部内容上。比如孔子说"克己复礼",从来不是要人复辟倒退,相反,是目光深邃的、对那个时代"礼崩乐坏"的批判,对后世人类的道德伦理建设,更有着普遍的借鉴价值,对解决社会问题、促进社会和谐等都有积极意义。很多礼节在今天看上去是无用的繁文缛节,但我们在传承时要透过表面发掘其中宝贵的人文价值。比如传统礼仪讲究尊卑等级,清朝大臣要对皇帝行三跪九叩大礼,这一礼节在今天的正确使用方式是,见了尊长,我们要用恰当的称呼主动致意问好。如果我们原封不动沿袭传统礼节,在单位见了领导扑通一声跪下,领导不会觉得你知礼有礼,会觉得你精神不太正常。但如果丢弃礼节,不分上下,连个招呼都不打或像哥们一样拍拍领导肩膀,同样也是行不通的。

对中华传统礼仪文化,我们应该充满敬意,用智慧的眼光去学习和领悟,不能简单地贬低和批判。尊重传统不等于全面复古,并不是要一成不变地照搬所有古礼仪式,而是善于抓住其中最本质的"义",去了解古人为什么制定这样的礼,我们从中能收获什么样的启示,从这里面汲取养分,合理地将传统礼仪为我们今日所用。

以传统丧礼为例,人死为大,因此丧礼可以说是传统礼制中程序最为繁琐的,这样的礼俗,我们今天如何去芜存菁? 其实也不难,万变不离其"礼",仪式的东西可以根据时代需要进行变化,蕴含其中的中华之礼要为我所用。比如传统丧礼中的守丧制规定,父母离世要守丧三年,今天很多人觉得不可思议,"丁忧"在家三年不工作,这三年里,还禁止婚嫁娱乐、禁止美衣美食美居等等,那怎么行呢,经商的还怎么赚钱? 有公职的还怎么升职? 当明星的还怎么能上热搜榜? 三年丧期对于生活在现代的人们来说,实在是太漫长了,所以这一礼制连形式带内容都被废弃不用了。但其实,三年之丧在古代并不是不可理解、不被接受的。古人制定守丧之礼的最初动机之一,是从人情出发劝孝子节哀,不是强迫不愿守孝的人装样子的。孔子说:"丧不过三年,示民有终也。"(《孝经·丧亲》)就是本着"毁不灭性"的原则,告诫守丧者三年之后应恢复常人的生活,并非以无休止的悲伤为孝道。那么,为什么定了三年的丧期呢?这也是出于人情来制定的,原因很质朴,就是"子生三年,然后免于父母之怀"(《论语·阳货》),人生下来三年才能脱离父母的怀抱,父母离世,是人间至痛,孝子难抑哀戚之情,是以有三年之丧,这是对于父母怀抱了我们三年,把我们抚养长大的一点点回报,是人之常情的表达。因此,三年之丧,是遵从人情之礼,不能简单地理解成为了守丧而守丧。时代变了,但人性不变。三年之丧,对今人仍有共鸣之处,形式上不必非要三年不工作不生活,但不论做什么,内心的礼不能丢,心中应常怀哀戚之情,时时惦记着离世的亲人,对于照顾了自己几十年的父母,离世后,做子女的有几年的怀念,在礼节上有所表达,实在是很正常很应该的。

传统礼仪中,这样的人之常情、常理随处可见,随处可以为我们所用。我们要去芜存菁,继承传统礼仪文化的核心精神,在此基础上,建立起不失中华传统的、独特的新时代礼仪文化。

任何一个民族都必须有自己的特色文化,否则必将成为外来文化的俘虏与附庸,最终在这个世界上消失。典型的例子就是契丹。契丹人建立的辽曾与北宋政权长期对峙,拥有强大的军事力量和契丹文字等独特的文化。但契丹族在与周边民族交往的过程中,不注意固守本民族文化,盲目追随其他民族的文化,最终作为一个民族,彻底消失于历史舞台,并且,经过世代不断地迁徙和融合,纯粹意义上的契丹人也已不复存在了。

中华文明之所以能够绵延不绝、经历万劫而不灭,就是因为我们有着独具特色的优秀内涵与核心价值,并不断地兼容并包、推陈出新。礼仪文化是中华文明的核心内容,是中华文明的独特象征,我们今天想要建立新型礼仪文化,就应以固有的传统优秀礼仪文化为渊源,汲取和发扬其中的精华,在此基础上结合时代特点,有选择地吸收和借鉴一切外来的礼仪文化,不仅仅是要借鉴它的形式,更应当借鉴其内在灵魂,藉此充实和丰富我们的礼仪文化,树立我们的民族自信心和优越感,建立起一种崭新的、独特的、富有感染力的礼仪文化,一种既符合当代理念,又不失中华传统特色的礼仪文化。

有一点我们始终要牢记的是,吸收和借鉴的同时不能失去自我,任何时候,中华传统礼仪文化这个根都不能丢。脱离了传统礼仪文化的基础,新的礼仪文化就会成为无源之水、无本之木。只有民族的,才是世界的,唯有创造性地发扬与传承中华传统礼仪文明,才能使世界认同我们的礼仪文化,使我们的礼仪文化行于世界。

2.学礼用礼,传承中华文明

中华礼仪文化源远流长、博大精深,我们有着天下为公的理想,济世救民的情怀,忠孝信义的道德,舍生取义的品格,自强不息的意识,力行实践的精神……这些都是传统礼仪文化精华,是我们数千年积攒的宝贵的精神财富。从传统礼仪文化当中,随处都可以找到各种智慧,运用到我们的工作生活中。这一点,在前面"古之常礼,今为我用"章节中,已经谈到了很多,如仪表举止之礼仪中的"冠正衣洁、色庄体恭"等、往来寒暄之礼仪中的"自谦而敬人"等,不再一一赘述。

今天很多有识之士为保护传统文化做了不少努力,如饮食文化、民间工艺、传统节日、古建筑、戏曲等等可见可闻的领域,做好这些事情的同时,要更久远地传承中华文明,我们还需要向更深层次去探索,去领悟。在建设和谐社会的当代中国，礼乐文化中就具有很多亟待我们发掘和吸取的内涵价值，比如对社会和谐的规划，对人格尊严的歌颂，对艺术目的的设计，对教育功能的要求等等。还有很多具体的礼仪礼制，对于今天的我们仍然很有现实意义，很具操作性。

举例来说，前面我们所谈到的古代成年礼——冠礼、笄礼，进入近代社会以后被废弃不用，天长日久，便出现了很多社会问题。相当多的青年人没有成年意识，对家庭、对社会没有责任感。于是，人们终于再次意识到古人设计和推广冠礼的远见卓识，不少有识之士转而到传统礼仪中寻找智慧。我们并不是提倡一定要恢复冠礼，而是说，应当借鉴传统成年礼当中的一些做法，积极探索寻求更适当的方式，帮助今天的青年人养成爱国、进步、担当、奋进等精神品格。

《仪礼》中的"乡射礼"一篇，记载了许多射箭比赛的具体仪则，它的意义，不仅在于技艺的练习与竞赛本身，更重要的是强调修身进德、内省反观、礼乐双修等人文内涵，体现了独具中华特色的"君子之争"，即《论语·八佾》中所说的"君子无所争，必也射乎！揖让而升，下而饮，其争也君子"。乡射礼中对于竞技活动的要求，没有停留在单纯的、狭隘的体能较量上，而是更强调"完人"教育这样一种道德教化意义。周代的乡射礼绵延千年，在明朝时传入日本、朝鲜，被发展成富于哲学内涵的"弓道"，至今仍深受推崇。在体育运动日渐商业化的今天，乡射礼对于我们正确理解体育运动的真谛，促进人的内外兼修，全面发展，很具有启发意义。

《礼记·学记》中提出了很多具有现实意义的教育原则和教学理论，如认为教与学相互促进的"教学相长"观点、倡导课堂教学与课外自习相辅相成的"藏息相辅"观点、重视学生心理，发扬积极因素、克服消极因素的"长善救失"观点等等。这些理论朴实而有效,体现着古人的教育智慧,我们今天仍经常引用。

古代凶礼之一的荒礼,记录了发生饥荒、瘟疫等自然灾害与变故时,国家应采取的救灾措施,包括救济、薄征、劝分、缓刑、减力役、开放禁区让百姓采集捕捞等等。两汉政府都曾对这些措施具体加以运用,这些救荒的积极思想与行动,对于今天的我们仍有不少启发。

凡此种种,不一而足。古代的礼乐文化中还有很多不为我们所知的高妙之处。现代生活需要礼仪,而中华传统礼仪就像一座取之不竭、用之不尽的丰富宝藏,等待着我们去开发,去探索,给我们的现代生活带来意想不到的惊喜。

清华大学彭林教授讲过一个知礼行礼的故事,很令人感叹。陈寅恪先生在海外留学多年归来后在清华大学任教,学生们慕名去他家看望。他父亲说,同学来看你,我也一起见见吧。于是,陈寅恪在房间正中间摆了一把椅子请父亲坐下来,前面摆了两排椅子让学生坐下,自己则站在父亲的身旁。此事在当时传为美谈,陈寅恪出国多年也没有忘记中国人应有的礼节,作为儿子,不管你有多大的学问,做多大的官,在父亲面前永远是儿子,儿子就要有个儿子的样子,两个人并排而坐,人家以为是兄弟呢,所以他恭敬地站在旁边,这叫侍立。同学是客人所以坐着,这是待客之道。

反观今天,我们会有一种深深的遗憾,曾几何时,传统礼仪对我们来说不再是亲切的存在,而成遥远的依稀仿佛。恭敬谦和、彬彬有礼的君子究竟去哪儿了? 有着数千年文化底蕴的传统礼仪不应该被今天的我们忘记,"不知礼,无以立",作为中国人,走到哪儿都应当牢记,我们来自"礼仪之邦",我们每个人都是中华文明的形象大使,都是中华文明的一分子,应当从我做起,涵养君子德行,提高礼仪修养,做传承中华文明的有力推手,让绵延数千年的中华文明继续传承下去,让中华大地这一"礼仪之邦"以更加亮丽、清新的形象展现在世人的面前。

附：文明礼仪小贴士

仪表举止

1. 冠必正,纽必结。穿衣戴帽大小合适,端庄整齐。

2. 衣贵洁,不贵华。衣服干净整洁,与身份相称。

3. 小孩子穿衣不宜过于华丽、招摇。

4. 着装与季节、地点和场合相配。

5. 容貌必庄。表情端庄稳重,和蔼可亲,不嬉皮笑脸,不轻浮放荡。

6. 勿轻有喜怒,心态平和,保持微笑。

7. 目光亲切,非礼勿视,不咄咄逼人,不轻佻怠慢。

8. 入座轻缓,不可猛起猛坐。

9. 坐姿从容自然,优雅大方。不可懒散,不可随意仰靠。

10. 勿箕踞,勿摇髀。不可双腿伸直张开了坐,不可边坐边晃大腿。

11. 离开座位时,要随手把桌椅摆放端正。

12. 立必正方。站姿笔直,身姿挺拔,不可歪着头,左右探看。

13. 勿践阈,勿跛倚。不可踩门槛玩,不可随处歪倚、斜靠。

14. 走路步履自然,步伐稳健。不可走得有气无力、拖泥带水。

15. 行不中道,立不中门。走路注意避让他人,礼让为先。

16.进必趋,退必迟。行走时注意场合,分清轻重缓急,见尊长时快步向前,告退时缓缓退出。

日常居家

1.养成良好的生活习惯。作息规律,早起洒扫,整理衣被。

2.勤俭持家,自奉俭约。一粥一饭,半丝半缕,都当珍惜。

3.保持居室环境干净整洁,窗明几亮。

4.饮食约而精,符合健康,不吃垃圾食品。

5.坚持适当运动,拒绝不良嗜好,远离"黄赌毒",不痴迷网络游戏。

6.为人子,不晏起。晨则省,昏则定。按时起床,早晚向父母请安。

7.为人子,出必告,反必面。外出回家都当告知父母以求其放心。

8.父母生病,当悉心照料,并调低自己的生活状态。

9.对父母保持和颜悦色,能养且能敬,顺乎其心。

10.父母有过,怡色柔声进行劝谏,劳而无怨。

11.身有伤,贻亲忧;德有伤,贻亲羞。为人子,当好好爱护自己的身体和德行。

12.父母之年,不可不知。牢记父母生日,及时行孝。

13.尊长面前言行有礼,老人面前不称"老",不说衰丧话。

14.长辈赐与物品时,应双手奉接,并道谢。

15.长幼有序,长者先,幼者后。徐行后长,不疾行先长。

16.长者立,幼勿坐;长者坐,命乃坐。不在长者面前或座前走来走去。

17.请业则起。向尊长请教问题,或回答尊长提问时,要起立,并神色恭敬。

18.清扫时,不可朝向长者,不可使尘污飞扬到长者身上。

19.善待邻里。见穷苦亲邻,须加温恤。

20.让一让,三尺巷。礼让邻居,和睦相处。

处世言谈

1.凡出言,信为先。开口说话,诚信为先。不说脏话、低俗话。

2.敏于事而慎于言。说话要慎重,要经过考虑,不随意传播是非。

3.说话保持气定神闲、重点突出,不可慌里慌张、模糊不清。

4.出言谦恭,亲切大方,不可出言不逊,不可做抠弄耳鼻等小动作。

5.言行一致,不轻易给别人承诺,不随便答应做不到的事。

6.不道人之短,不说己之长。来说是非者,便是是非人。

7.与人对话,学会聆听,不可随意打断别人说话。

8.把握好亲疏尺度,不开侮辱人的玩笑,不打探别人的隐私。

9.在官言官,在府言府。在什么场合说什么话,当说则说,当默则默。

10.和别人说话时,注意察言观色,如见失意人,不说得意语。

11.过勿惮改。勇于改正错误,不可文过饰非。

12.他人有错,加以宽恕和忍让;自己犯错,须及时求人谅解。

13.见贤思齐,见不贤而内自省。

14.乐观面对困难与挫折,积极解决,不可怨天尤人。

15.害人之心不可有,防人之心不可无。家中事、过往事不必全让人知道。

16.尊重不喜欢你的人,不期望所有人都喜欢自己。

17.遇事冷静,保持理智,不可感情用事。

18.知足常乐,终身不辱;知止常止,终身不耻。

19.与人为善,己所不欲,勿施于人。

20.懂得感恩,不把别人对自己的好看作理所当然。

迎客待客

1.打扫门庭,备好茶果,做好迎客的准备。

2.见面先致敬,互道寒暄,注意称呼得当。

3.进出门时,快步上前,为客人开门关门。

4.进门让客人先行,入室请客人安座。

5.客人入座后,家中晚辈应帮长辈招呼,并主动陪客人小朋友玩,不打扰长辈。

6.茶具要清洗干净,倒茶时,杯盖应仰置。

7.敬茶果时,注意先长后幼,先生后熟。

8.双手敬茶,不可用手指捏着杯口递送。

9.不可当着客人面呵斥狗或打骂孩子。

10.客人告辞,婉言相留,注意挽留要适度。

11.送客要送至大门外或楼道口,远方客可送至车站等地,目送客人走远再返回。

12.客人走远后再关门,关门要轻,不可发出"砰"的一声。

拜访做客

1.客随主便,做善解人意的拜会者,不给主人添麻烦。

2.拜访前,应与主人约好时间,并准时赴约。注意避开节假日、主人吃饭及睡觉的时间。

3.尽可能带些适合主人的小礼品,以示尊重。

4.做客时不应携带动物或宠物。

5.将上堂,声必扬。将入户,视必下。

6.到门外时,先轻轻敲门或按门铃,主人请进再进。

7.主人开门后,应先互致问候,不可开门即进。

8.入座时,要待长辈入座后,按主人安排入座,并注意坐相。

9.主人敬茶时,客人要起身道谢,并双手接过,不可安坐不动。

10.吐果核或吐痰时,不可乱吐乱扔,可轻轻以纸巾掩口,放在专用垃圾筒中。

11.交谈时,要专心、大方、顾望以对,不可喧宾夺主、哗众取宠。

12.不经主人允许,不可挨个房间探看,不可随意翻看屋内信件等物品。

13.如有他客到访,不可久坐,应即辞出。

14.主人面带倦意,打哈欠,看钟表,减少说话等情况时,应即辞出。

15.告辞前应向主人致谢。主人送出门口时,应转回身再致谢。

16.与主人辞别时,应向主人说"请回""请留步""再见"等礼貌用语。

用餐饮酒

1.入座有顺序,先请长者、尊者上座,谦让后就座。

2.主人不问,客不先举。就餐时待主人致辞动筷后,客人才可动筷。

3.客人不可额外点菜,如主人亲自烹调,应向主人致谢后再用餐。

4.不可对别人点的菜评头论足。

5.当食不叹。就餐时保持自己情绪和表情与众谐和,不可唉声叹气。

6.食勿响舌,咽勿鸣喉。吃饭、喝汤时,应避免发出"吧唧""呼噜"及嗑筷子等声音。

7.咳嗽、打喷嚏、剔牙时,应背转身,并掩住口鼻。

8.夹菜时,应"雨露均沾",不可只挑自己喜欢吃的夹取,不喜欢吃的也应礼节性品尝。

9.夹菜时,只取自己面前的菜,不可"飞象过河",起身去夹离自己很远的菜。

10.夹菜时,不可"拨草寻蛇",在盘中乱搅一通挑着吃,也不可向碗盘顶心夹取。

11.夹菜、盛汤时,应缓慢、适量,不可淋洒得满桌都是。

12.所取菜肴一次不宜过多,吃完自己盘中的菜后再夹取。

13.不可长时间、频繁地接听和拨打电话,更不可边吃边打。

14.不可将夹起的菜重新放回盘中。

15.交谈时不可挥舞筷子,不可用筷子指人。

16.说话有度,不可滔滔不绝,也不可一言不发。

17.闭口嚼食,不可边嚼边说话,避免喷饭,避免唾沫横飞四溅。

18.饮酒要有节制,避免喝醉,别人劝酒不可照单全收。

19.右手敬酒,表情亲切,用语礼貌,祝酒辞时间不宜过长。

20.主人致辞时,专注聆听,不可与旁人交头接耳。

21.别人为自己倒酒时,点头致谢,不可用手捂酒杯或倒扣酒杯。

22.给长者、尊者敬酒时,酒杯杯沿应低于对方。

23. 用餐结束时，主人逊言慢待，客人表示谢意。

24. 用餐结束后，要等尊长先行，晚辈方可离开。

寒暄称呼

1. 打招呼要大方得体、不卑不亢，时间不宜过长。

2. 距离合适时以恰当的方式打招呼，不可远距离直呼其名。

3. 不可用拍肩膀、拽头发等方式打招呼，也不可把手插在口袋里。

4. 打招呼时注意目光亲切，不可态度敷衍。

5. 打招呼时注意场合，如在厕所相遇，招呼不宜太过热情。

6. 与人握手时，不可用左手，不可戴着手套，男士不可主动先伸手。

7. 与外国友人见面行礼，注意对方的民族习俗，不随意使用拥抱礼。

8. 对方不方便、有意回避时，不可打招呼。

9. 称呼别人要用敬称，在人前称呼自己要用谦称。

10. 敬称与谦称不可混用。如对方问"您贵姓"，不可回答"我贵姓某"。

11. 不可称呼自己为某先生、某女士，不可用职务称呼自己。

12. 对人称呼要恰当，不可随意称呼。

13. 称呼别人要尊重个人习惯，如有的人不喜欢被别人喊"老"。

电话书信

1. 打电话如无特殊事，应选择对方方便的时间。上午八点之前，晚上十点之后不宜打电话。

2.接通电话后,应用问候语,并先询问对方是否方便接听。

3.通话时,声音应清晰柔和,语调应平稳自然,不可打哈欠、吃东西。

4.打电话时,也不能忘记微笑。

5.打错电话要道歉,同时,不可责骂打错电话的人。

6.通话时间尽量在三分钟以内,说清目的,不宜过于啰嗦,东拉西扯。

7.通话时多听对方讲话,不可抢话。

8.给不太熟的人打电话时,应先主动说明自己是谁、找谁、有何事。

9.不可随意替别人接电话或手机。

10.代接电话应有礼貌,不可"看人下菜单"。

11.通话结束时,通常由打电话的一方先挂机。与尊长通电话时,应由对方先挂断。

12.写信时,字迹工整、书写规范,不可潦草马虎。

13.不可用红笔、铅笔、圆珠笔写信。

14.书信长短要适宜,不可写成电报,也不可写成小说。

15.未经写信人与收信人双方同意,不可将信件公之于众。

16.给不熟悉的人写信,内容不可太亲密。

17.感谢信和邀请函应亲自送达或邮寄对方,不可用传真机发送。

18.收到信件后应及时回复,重要信件可电话回复。

19.不可在信封上收信人姓名后加上私人关系称呼。

20.传统书仪应正确使用,对收信人应使用谦辞,如"俯启""赐启"等,不可使用"敬启""拜读"等敬辞。

出门对众

1.遵守公共秩序,自觉排队。

2.遵守交通规则。过马路时,红灯停,绿灯行。不翻越护栏。

3.不因别人不守秩序,自己也不守秩序。

4.在公共场合保持安静,不可大声喧哗,不可打闹。

5.使用公共设施懂得照顾别人、礼让别人。

6.在超市购物时,不用手触摸裸露食品,不拆开商品包装,看过商品后放回原处。

7.与肩挑贸易,毋占便宜。对小商贩、服务员、环卫工等人员谦卑和气,不可刻薄苛责。

8.尊重、关爱残疾人,不嘲笑残疾人。

9.保护生态环境,爱护环境卫生,不伤害树木,不乱扔垃圾。

10.爱护有益于人类的动物,不虐待、不残害。

11.人不闲,勿事搅;人不安,勿话扰。不使自己的行为妨碍别人。

12.进出门或开关门时,想到下一个人。

13.不站在妨碍他人的地方,不立在路上久谈。

14.开车或步行,都应"各行其道",不妨碍交通。

15.步态端正,步履自然,目视前方,不可东张西望。

16.行路时,不吃食物,不玩手机,不吸烟。

17.不可三四人并排同行。并行时,请尊长、女士走在内侧。

18.不聚众围观,不做公共场所的"吃瓜群众"。

19.路上拥挤时,应给老弱、妇幼、病残者让路。

20.有人问路,应详细告知;问路于人,应随即称谢。

交通旅行

1.乘坐公共汽车,让座应自觉主动,被让座的人应称谢。

2.踩到别人的脚,应立即道歉,被别人踩时应宽容,不可骂人。

3.排队上车,遇到行动不便的人,主动帮助。

4.不可将头、胳膊等伸出车窗外。

5.不向车窗外吐痰、扔垃圾。

6.不与司机闲聊天,不分散司机注意力。

7.车中举止文明,不可躺着或将腿脚放在旁边座位上。

8.车内保持安静,不可高声谈笑,也不可打打闹闹。

9.恋人乘车不可亲热过度。

10.邻座人在读报或杂志时,不可伸头去看,更不可品评。

11.看管好自己的财物,包和行李应放在身前或视线能看到的地方。

12.如带伞,上车前应将雨伞收拢,伞尖朝下。

13.乘坐火车时,不可穿背心、短裤和拖鞋等,车内不可随意脱鞋。

14.看管好自己的孩子,不四处跑动、大吼大叫、乱动车内物品。

15.不食用有刺激性气味的食品,如大葱、大蒜、韭菜饺子等。

16.遵守车上的吸烟规定。

17.与其他乘客交谈时,不谈论车祸、空难和低俗话题,不可打听其隐私。

18.乘坐飞机,享用免费食品时要适可而止,不可贪心。

19.飞机上的物品不可随意取拿,设备不可乱摸乱动。

20.进餐时,主动将座椅调至正常位置,不影响后排乘客进餐。

21.遇到延误、改降或迫降等情况时保持镇定,不向空乘人员发火。

22.游览拍照时,不要长时间占用景点。

23.跟团旅行时,顾及他人感受,遵守团队规定。

《中国公民国内旅游文明行为公约》

营造文明、和谐的旅游环境,关系到每位游客的切身利益。做文明游客是我们大家的义务,请遵守以下公约:

1.维护环境卫生。不随地吐痰和口香糖,不乱扔废弃物,不在禁烟场所吸烟。

2.遵守公共秩序。不喧哗吵闹,排队遵守秩序,不并行挡道,不在公众场所高声交谈。

3.保护生态环境。不踩踏绿地,不摘折花木和果实,不追捉、投打、乱喂动物。

4.保护文物古迹。不在文物古迹上涂刻,不攀爬触摸文物,拍照摄像遵守规定。

5.爱惜公共设施。不污损客房用品,不损坏公用设施,不贪占小便宜,节约用水用电,用餐不浪费。

6.尊重别人权利。不强行和外宾合影,不对着别人打喷嚏,不长期占用公共设施,尊重服务人员的劳动,尊重各民族宗教习俗。

7.讲究以礼待人。衣着整洁得体,不在公共场所袒胸赤膊;礼让老幼病残,礼让女士;不讲粗话。

8.提倡健康娱乐。抵制封建迷信活动,拒绝黄、赌、毒。

《中国公民出国(境)旅游文明行为指南》

中国公民,出境旅游,注重礼仪,保持尊严。

讲究卫生,爱护环境;衣着得体,请勿喧哗。

尊老爱幼,助人为乐;女士优先,礼貌谦让。

出行办事,遵守时间;排队有序,不越黄线。

文明住宿,不损用品;安静用餐,请勿浪费。

健康娱乐,有益身心;赌博色情,坚决拒绝。

参观游览,遵守规定;习俗禁忌,切勿冒犯。

遇有疑难,咨询领馆;文明出行,一路平安。

后　记

　　《诗经》有云:"温温恭人,惟德之基。"中华之礼,不是一个简单的礼节,一句礼貌的话语,或是一个干净的外表形象,而是来自于一个人内心深厚的修养,是处处为他人着想的美德,正如清华大学彭林教授所说,礼教人敬、静、净、雅。有礼的人,就好像一块璞玉,经过雕琢、打磨而成为精美的玉器,使人立身处世由内而外地散发出一种温润儒雅的君子气质。

　　当今社会,很多时候,有礼的人反而遭到无礼的人嘲笑,讲规则,守礼仪的人反而常常替一些不文明的人"背黑锅"。很多时候,坚守礼仪,独守规则,反而会被人看作不懂变通的古板之人。也许正因为如此,才更需要我们明礼、重礼、学礼、守礼。多一个文明之人,就少一个粗野之人,离礼仪中国的到来就会更近一点。凡事从我做起,从当下做起,我虽渺小,但有我,有你,有他(她),我们合在一起,就会成为"大家",大家一起努力,就会改变我们的生活世界,重塑中国人的集体形象。

　　本书的撰写,得到本套丛书的主编颜炳罡教授与各位同仁的大力支持,在此一并感谢! 写作过程中,我深知为学不易,而要将五千年礼仪文明说清楚,并对之实行创造性转化以适应当代社会的需要,更加不易。由于本人对于博大精深的中华之礼,尚缺乏透彻的研究,对其内在精神的体悟尚有待深入,错谬之处,在所难免,恳请读者朋友批评、指正,以便进一步修正。

于媛

2017年2月